财政均等化：理论与实践

王莹 著

中国财政经济出版社

图书在版编目（CIP）数据

财政均等化：理论与实践/王莹著．—北京：中国财政经济出版社，2008.9

ISBN 978-7-5095-0899-2

Ⅰ．财…　Ⅱ．王…　Ⅲ．社会服务-研究-中国　Ⅳ．D669.3

中国版本图书馆 CIP 数据核字（2008）第 124886 号

责任编辑：吕小军　　责任校对：王英

封面设计：天女品牌形象设计　　版式设计：汤广才

中国财政经济出版社出版

URL：http：//www.cfeph.cn

E-mail：cfeph@cfeph.cn

社址：北京市海淀区阜成路甲 28 号　邮政编码：100142

发行处电话：88190406　财经书店电话：64033436

北京财经印刷厂印刷　　各地新华书店经销

880×1230 毫米　32 开　6.625 印张　166 000 字

2008 年 9 月第 1 版　2008 年 9 月北京第 1 次印刷

印数：1—1 500　定价：20.00 元

ISBN 978-7-5095-0899-2/F·0742

（图书出现印装问题，本社负责调换）

本社质量投诉电话：010-88190744

序

这是我第二次应邀为王莹同志的著述作序了。上一次作序，还是在2002年。那时，王莹同志在博士论文基础上修订完成的专著《教育中的政府干预》，付梓出版。时隔6年之后的今天，她的第二本学术著作《财政均等化：理论与实践》，又将问世。先后成为她的两本著作的先期读者并为之作序，能够如此直接地见证她的学术成长，分享她的学术成果，我除了感到由衷高兴之外，也确有一番话要说。

从《教育中的政府干预》到《财政均等化：理论与实践》的这6年，中国的经济社会环境发生了极大的变化。就上述两本著作的主题以及它们所涉足的学术领域而言，其突出的变化，起码可归结为如下几个方面：

在6年前，人们对于教育问题的关注，多着眼于增加政府教育投入的"量"。补足或矫正政府在教育投入"量"上的"缺位"，往往是问题的核心。在今天，人们所关注的教育问题，除了教育投入的"量"之外，教育投入的"质"——教育公平，已经进入了视野，甚至成为更牵动人心的内容。

在6年前，人们眼中的教育，多是政府必须提供或必须增加投入的一个特殊的公共服务事项。因而，往往是就教育论教育，就教育投入论教育投入，而很少同政府必须提供的其他方面的公共服务或者政府必须增加的其他方面的公共服务投入相联系。在今天，人们眼中的教育，已经同医疗、就业、社会保障、住房等事项捆绑在一起，形成了一个政府必须提供或必须增加投入的基本公共服务系列。

在6年前，对于公共服务概念的界说也好，牵涉公共服务制度的设计也罢，多是在“二元”经济社会体制的框架内展开的。在今天，不仅非国有制部门和广大的农村地带已经进入到公共服务的覆盖范围。而且，拉近不同所有制部门和不同区域之间的公共服务水平差异，进而在不同所有制部门和不同区域之间实现公共服务水平的均等化，也已经成为广泛的共识和致力的方向。

在6年前，围绕政府职能转换而进行的讨论以及据此而谋划的政府职能定位，多局限于“弥补市场失灵”的抽象层面。在今天，随着科学发展观的全面贯彻落实，构建公共服务型政府已经正式成为中国政府改革的方向所在。并且，以此为基础，公共服务型政府的职能定位，也已具体化为市场监管、社会管理、公共服务和经济调节等四个方面。

诸如此类的变化，还可举出许多。可以说，上述的这些变化以及其他类似的变化，正是从《教育中的政府干预》推进到《财政均等化：理论与实践》的经济社会背景。

仔细地比较一下两本著作的主题以及各自的逻辑线索，便可发现，其实，两本著作之间是有着内在联系的。由着眼于增加政府教育投入的“量”到关注政府教育投入的“质”，从关注教育服务拓展至包括教育、医疗、就业、社会保障和住房等在内的整个基本公共服务体系，由有薄有厚的“二元”经济社会体制下的公共服务迈向一视同仁的“一元”经济社会体制下的公共服务，从目标尚未明晰的政府职能定位到构建公共服务型政府方向的确立，恰恰是王莹同志在有关公共服务及其相关财政改革问题的研究上所走出的一个基本轨迹。

进一步说，在我们迎来改革开放30年之际，在全面贯彻落实科学发展观的背景之下，举凡公共服务、政府职能、财政改革等相关问题的讨论，已经到了非关注社会公平不可的时候。在当前的中国，实现社会公平，固然有多种依托，要牵涉到多种因素，但相对而言，构建公共服务型政府，可能是一个更加重要的依托。致力于政府提供的公共服务的“均等化”，可能是一个更为关键的因素。所有这些，最终又要落在“钱”上，要靠财政收支的安排去铺路。所以，构建公共服务型政府并实现公共服务均等化的基础，又在于财政的均等化。

毫无疑问，在我们所论及的上述诸多方面，王莹同志的这本《财政均等化：理论与实践》，走出了坚实的一步。

高培勇

于北京第29届奥运会开幕日

导　言

从 2005 年开始，“均等化”一词跃入了我国百姓的视野，因其关乎民之幸福，关乎公平正义，关乎社会和谐，很快就成为民众关注和关心的热点议题，相关的研究也逐渐丰富和深入。“均等化”，在中国更为全面和贴切的称呼应为“基本公共服务均等化”，作为“十一五”规划的重要内容，它在我国其实有着相当特殊的发展历程，在此予以简要的回顾。实际上，均等化的研究在国外由来已久。被称为“均等化之父”的布坎南早在 1950 年推出了其有关均等化详细论述的论文，从而开创了均等化理论研究的先河；后续的研究成果如汗牛充栋，这些都为本书提供了丰厚的资料来源和研究思路。以此为基础，本书尝试搭建一个高屋建瓴式的分析平台。

1　均等化在我国的起和兴：简要的回顾

作为政府部门的一个重要政策定位，均等化在世界范围内广为施行。然而，在我国，基本公共服务均等化表述的形成甚至将其写入“十一五”规划，却是近几年才有的事情。导致如此结果的主要原因，可以归结于我国特殊的历史进程和特殊的财政制度。早在新中国成立之初，我国就对城市和农村两个系统，分别施行了两套不同的经济社会体制，由此逐渐形成了颇具特色的二元经济社会格局。在这样的一种格局下，基本公共服务资源的配置分城市和农村而有所不同。城市居民享受的基本公共服务多，农村居民享受的基本公共服务少，甚而享受不到基本公共服务。而支撑基本公共服务供给的财政制度安排也截然不同，城市的基本公共服务由城市财政负责，而农村的基本公共服务由农民自己负担。因而，在那时以至很长的一个历史时期，我们几乎没有基本公共服务均等化的理念，而常常提及的则是所谓“区别对待”。

始于1978年的改革开放让我国步上了经济长期高速增长的通道，在取得令世人惊叹的成就的同时，我们蓦然发现：尽管中央提出了“效率优先，兼顾公平”的方针，在2002年的中共十六大上更为明确地调整为“初次分配效率优先，再次分配注重公平”，但在现实中，“兼顾公平”和“注重公平”往往被对经济增长率的热衷所取代。我国的区域之间、省与省之间和城乡之间的经济发展差距和财政能力差距越来越大，即使政府在采取兼顾和注重公平的转移支付措施之后，差距依然明显（见表1）。这种差距所带来的直接后果之一就是各区域、各省份和城乡之间的基本公共服务供给差距。

表1　转移支付前后各区域财力保证度（1994—2004年）

地区	转移支付前财政能力		转移支付后财力保证度	
	人均财政收入（元）	财政能力系数	人均财政支出（元）	财力保证系数
东部	991.41	1.725	1546.88	1.343
中部	326.23	0.567	870.32	0.782

续表

地区	转移支付前财政能力		转移支付后财力保证度	
	人均财政收入（元）	财政能力系数	人均财政支出（元）	财力保证系数
西部	316.51	0.551	1071.28	0.930
全国	574.86			

资料来源：根据历年《中国财政年鉴》计算而得出，表中数据为1994—2004年10年平均数。

与此同时，我国的财政体制改革也在一步步向财政分权模式迈进。我国虽然是一个典型的单一制和具有集权传统的国家，但服务责任的下放比多数联邦制国家走得更远，甚至在其他国家通常由中央或联邦级政府负责的社会保障与福利，在我国也主要由地方政府承担，① 我国实际上成为世界上分权程度最大的国家（傅安恒，2005）。而地方政府由于财政资金的困乏，被迫把本应承担的诸如基础教育、基本医疗等职责推向了市场。基本公共服务的直接供应者如学校、医院等机构为了存续和利益的最大化，竞相于市场逐利，民众获取这些公共服务的机会、数量和质量由他们的收入水平、人际关系或行政职位等决定，均等一词似乎已被遗忘。表2就以比较的观点列举了中国财政分权的相关数据。

表2　　以比较的观点看中国政府分权

	地方收入占国家收入中的比重（%）	地方支出占国家支出中的比重（%）
中国2002年	45	69
发展中国家20世纪90年代	9	14
转型国家20世纪90年代	17	26
经合组织成员国20世纪90年代	19	32

资料来源：傅安恒："支持农村公共服务——来自中国与外国的经验教训"，摘自《地方政府与地方财政建设》，中信出版社2004年版，第198页。

① 本书中的地方政府概念，除非特指，包括中央（联邦）政府以下的各级政府——省（州）和县、市、镇等。

让我们欣喜的是：伴随着近些年来中国公共财政体制的建设，以及建设公共服务型政府的新要求和外压型政策议程设置模式的出现，基本公共服务均等化问题逐渐进入决策层的视野并最终得到相当的重视。同时，由于我国财政收入连年超 GDP 的奇迹般增长，也为中央实施均等化战略提供了厚实的财力基础。在此，我们不妨来看一看中央政府关注均等化的政策历程。

- 2003 年 10 月，中共十六届三中全会通过了《关于完善社会主义市场体制若干问题的决定》，提出了“以人为本”的“科学发展观”和“统筹城乡发展、统筹区域发展、统筹经济社会发展、统筹人与自然和谐发展、统筹国内发展和对外开放”等五个统筹。
- 2004 年 9 月，中共十六届四中全会通过了《中共中央关于加强党的执政能力建设的决定》，提出“坚持以人为本、全面协调可持续的科学发展观，更好地推动经济社会发展。深入体察人民群众的意愿，切实把维护和实现最广大人民的根本利益体现在党领导发展的大政方针和各项部署中，落实到经济社会发展的各个方面”。
- 2005 年 10 月，中共十六届五中全会通过了《中共中央关于制定“十一五”规划的建议》，建议提出“扩大公共财政覆盖农村的范围，强化政府对农村的公共服务”。
- 2006 年 3 月，“十一五”规划纲要提出了“根据公共财政服从和服务于公共政策的原则，按照公共财政配置的重点要转到为全体人民提供均等化基本公共服务的方向，合理划分政府间事权，合理界定财政支出范围”。
- 2006 年 10 月，中共十六届六中全会，通过了《中共中央关于构建社会主义和谐社会若干重大问题的决定》。决定强调，“社会公平正义是社会和谐的基本条件，制度是社会公平正义的根本保证，必须加紧建设对保障社会公平正义具有重大作用的制度，完善民主权利保障制度、法律制度、公共财政制度、收入分配制度等”。

• 2007 年 10 月，中共十七次全国代表大会通过了《胡锦涛在中国共产党第十七次全国代表大会上的报告》，报告更为鲜明地提出“围绕推进基本公共服务均等化和主体功能区建设，完善公共财政体系”。

上述的发展历程至少让我们得出以下三个基本结论：

（1）基本公共服务均等化是一种国家利益，如果说，“十一五”规划的提出是基本公共服务均等化被提升到国家层面的起点，那么十七大报告就是基本公共服务均等化挺进深水区的有力支撑和政策保障。

（2）基本公共服务均等化关乎社会公平正义，或者说它本身就是实现社会公平正义的一种政策理念，也是保障社会和谐的重要措施。

（3）基本公共服务均等化的实现要以公共财政的建设和完善为基础，以政府间事权的划分，财权的界定为依托。今后一个阶段我国公共财政体系建设的核心就是基本公共服务均等化的深入和推广。

2　均等化：国内外研究进展

尽管均等化在我国的普遍研究开始于 2005 年，但国外的系统理论却可追溯到 1950 年。有关均等化最基本的命题是：为什么需要均等化？这是缘于公平和效率的双重论据。一方面，财政联邦主义中的中央政府与地方政府之间的垂直财政差距以及地方政府之间的水平财政差距，必须通过某种方式来弥补，公共服务均等化就是一种有效的工具（Buchanan，1950；Tibout 1956；Boadway，1980）。另一方面，在一个分权化的联邦体制中，个人在辖区间的移民可能产生外部性，从而导致无效率的结果。只有当合理地开征地方税收并进行均等化补助时，才能纠正这些外部性，保证效率原则的实现（Buchanan and Wagner，1970；Goetz，1972；Flatters，Henderson and Mieszkowski，1974；Stiglitz，1977）。

公共服务均等化面临的另一个重要议题是：什么是公共服务？作为一个与公共物品等价的概念，有关的研究相当广泛（Pigou，1925，1956；Samuelson，1954；Breton，1965；Tibout，1965；Musgrave，1969；Brown 和 Jackson，2000），但也混乱（Ver Eecke，1999）。目前各国一般是通过列举法来明确属于均等化的公共服务范畴（Shah，2000）。其次，实现均等化的模式是什么？理论上一般有两种，即财政能力均等化和水平公平均等化（Boadway，1980）。财政能力均等化是以地方的财政能力和需求为基础，但该种模式被认为是公平议题，涉及的仅仅是诸如省或州等政治单位或行政区划（Graham，1964）；水平公平均等化则因以个人之间的公平为追求目标应更受推崇（Buchanan，1954；Graham，1963），但该种模式所提倡的均等个人的财政收益并非直接等于均等了个人的效用（Scott，1964），而且实践中还有很大的推广难度（Boadway and Flatters，1982；Economic Council of Canada，1983）。均等化最重要的议题莫过于制度设计，设计要素一般包括了财政能力和支出需求两方面（Shah，1996，2007），同时考虑两个要素所建立的均等化将更贴近现实，也更能体现公平（Vaillancourt，2001，2004；Boadway，2007）。评价均等化制度的标准过去常用的是财政投入指标，但该标准难以保证均等化的效果，所以近些年来，学者们尝试将绩效评价引入到均等化制度当中（沙安文，2005）。

综观我国现有的研究，所涉及的内容和视角都在不断地拓展和创新当中，主要研究内容涵盖了以下五个方面：均等化的内涵、必要性、影响因素、测量和实施。

关于内涵，贾康（2006）指出，均等化并不等于绝对平均，并不是强调所有国人都享有完全一致的基本公共服务，而是在承认区域、城乡、人群存在差别的前提下，保障所有国民都享有一定标准之上的基本公共服务，其实质是强调“底线均等”。聂左玲(2006)认为公共服务是从行政管理发展起来的概念，是由公共权利运用公共财政所提供的服务，而基本公共服务是指直接关系到民生的基本服务，在我国目前的经济发展阶段，主要包括基础教育、医疗卫生、就业和社会保障、环境保护、公共安全等。中国（海南）改革发展研究院认为基本公共服务均等化是全体公民的机会均等、结果大体相同，意味着全体社会成员都能享受到有制度保障的最低标准的基本公共服务，并尊重社会成员的自由选择权。常修泽（2007）认为，基本公共服务均等化的内涵，可以从三个方面来理解：第一，全体公民享有基本公共服务的机会应该均等；第二，全体公民享有基本公共服务的结果应该大体相等，而大体相等不是搞平均主义，而是大体均等或相对均等；第三，在提供大体均等的基本公共服务过程中，尊重社会成员的自由选择权。马国贤(2007)则将基本公共服务均等化在各国的做法总结为人均财力的均等化、公共服务的均等化和基本公共服务最低水平三种模式，并认为基本公共服务最低公平是最适合我国的模式。

均等化的必要性主要体现在：（1）有助于超越“市场失灵”而提高资源配置综合效率，这又会促进经济运行结果的适当均等，从而有助于缓解社会矛盾，维护较高的社会稳定性，同时也维护和促进了经济发展的综合效率和可持续的较高速度；而均等化的公平效应有助于促进社会的和谐、健康发展（贾康，2006)。(2）均等化是缩小城乡差距的重大举措，缩小地区差距的重要条件和缓解贫富差距的重要因素（迟福林、方栓喜，2007)。(3）可进一步改革和规范中央和地方关系，对打破 GDP 政绩观，加快建立公共服务型政府，对协调重大利益关系，维护社会公平正义，都将产生重要而积极的影响（方栓喜，2007)。

有关均等化的主要影响因素的论述有：（1）各地经济发展水

平差距较大，直接影响了各地的财政收支能力，致使各地财政提供公共服务的能力差距加大；在相同支出项目上，各地财政提供公共服务的成本高低不同；中央政府的财政转移支付制度均等化功能的缺失；二元的经济形态中历史起点的区别和多年城乡分割的政府治理结构导致了城乡公共服务的不均等（贾康、聂左玲，2006）。（2）提供公共服务不足的体制性原因是基层财政的事权与财权不相匹配，各级政府之间的职责划分不清，不规范；地区间公共服务水平差距扩大的重要因素是财政转移支付制度本身存在缺陷，形式过多，结构不合理，资金分配不规范、不公开、不透明（安体富，2006）。（3）中国（海南）改革发展研究院则认为造成基本公共服务城乡差距的体制性原因有：城乡二元体制；国家财政资源配置的中心仍在城市，农村基本公共物品投入缺乏稳定机制；村庄集体经济收入微薄。导致区域间差距的体制性因素有：各地经济发展水平差距以及转移支付制度的不完善。

王蓉（2003）使用泰尔指数对我国 1999 年的基础教育不均等状况进行了测量。卢洪友、谭维佳（2006）在对基层地方财政困境的实证研究当中，估算了地方政府实现均等化基础教育消费的财政投入额度。陈昌盛、蔡跃洲（2007）对我国的基础教育、公共卫生、社会保障等服务进行了绩效的综合评估。安体富、任强（2008）则基于地区差别视角构建了我国公共服务均等化水平指标体系，并进行了变异系数的测算。

对于均等化的实施，贾康（2006）认为应该分阶段进行，并提出初级阶段的目标可能更侧重于区域公共服务均等化，主要表现为区域内、区域间的公共服务水平的差距明显缩小（比如，基本社会保障实现地区统筹并积极缩小各地标准的差距）；中级阶段的目标会更多地侧重于城乡公共服务均等化，主要表现为不仅在区域内，而且在各区域城乡之间的公共服务水平接近（比如，把城镇“低保”扩展到各地农村）；高级阶段的目标则为实现全民公共服务均等化，主要表现为区域之间、城乡之间、居民个人之间的公共服务基本形成均等状态（比如，基本社会保障不分区域、城乡、身份而实现全社会统筹）。丁元竹（2007）认为我国现阶段基本公共服务均等化必须基于现实性原则、国际性原则和法制化原则。相应提出的对策包括：确定全国基本公共服务范围，建立全国基本公共服务标准，明确我国在法定基本公共服务上需要均等化的地区和区域，奠定计量实现基本公共服务均等化所需要的财政支出的技术基础；调整和改革政府间财政关系，完善政府间转移支付制度等。刘尚希（2007）则提出基本公共服务均等化需要做到几个结合：(1) 从发展与改革的结合上来规划；(2) 从财力与制度的结合上来操作；(3) 从供给与需求的结合上来实施；(4) 从国家、市场与社会的结合上来运作。吕炜、王伟同（2008）则具体地设计了均等化实施的框架，包括均等化标准的确定、公共需求的测算方法等。

上述的研究，都很有见地，但是问题在于：其一，尚缺乏一条明确的主线将各个角度的研究贯穿起来，从而形成一个一以贯之的分析框架；其二，尚缺乏精准的数理实证分析来测量国内各基本公共服务的不均等状况，以及各区域、各省份和各城乡的财政能力及支出需求；其三，尚缺乏广泛的国际视野来比较研究各国的均等化措施，从而为我国的均等化寻找合适的路径选择。

3　本书的基本分析框架和研究方法

根据“十一五”规划纲要提出的“按照公共财政配置的重点要转到为全体人民提供均等化基本公共服务的方向，合理划分政府间事权，合理界定财政支出范围”的战略要求，中共十六届六中全会通过的《中共中央关于构建社会主义和谐社会若干重大问题的决定》中有关的战略部署，以及中共十七次全国代表大会通过的《胡锦涛在中国共产党第十七次全国代表大会上的报告》中所提出“围绕推进基本公共服务均等化和主体功能区建设，完善公共财政体系”的建设目标，本书的研究定位在于：借鉴国内外的研究成果，借助均等化的国际经验，并结合对我国均等化现状的测量，尝试为我国的基本公共服务均等化建设提供一个基本的分析框架，并勾画一个简要的实施路线图。

全书共九章。第一章是均等化的基本概念阐释，其间对均等和均等化的含义进行了多学科视角的归纳和总结，特别分析了公共财政与均等化之间的关联。第二章则为均等化找寻了效率的论据，涉及弥补劳动力流动的效率损失和弥补财政分权的效率损失两个方面。公平的议题在本书第三章中聚焦在均等化的两种不同理念，即“财政能力均等化”和“水平公平均等化”之上，或者说对于均等化应致力于地域（行政区划）还是个人之间的公平展开了探讨。

从实践的角度看，均等化的首要问题是对均等的度量，度量可以帮助我们观察均等的发展趋势，并帮助判断问题的严重程度，如此政府才可能进行均等化的决策。所以，第四章比较了均等化度量的绝对和相对指标，并指出好的相对指标才可能准确地反映均等化的现实。制度建设是均等化的核心，为此，第五章考察了制度设计的两大要素——财政能力和支出需求，以它们为设计要素的均等化制度各具特色，但综合两者的制度才是最优选择。为了能更全面地了解均等化的实践，第六章遴选了均等化历史悠久的澳大利亚、加拿大和德国三国做介绍和比较分析，第七章则介绍了转型国家俄罗斯和罗马尼亚的做法。上述国家的选择都有着充足的理由，从而更具有借鉴价值。具体到我国的实践，正如前文所说，度量是研究起点。所以，第八章采用泰尔指数对我国的三类基本公共服务进行了测算，并得出了一些基本结论。以此为基础，第九章尝试勾勒了我国均等化制度建设的基本框架和思路，包括目标、实施步骤、制度设计、制度考评等诸多方面。全书的基本框架可用图 1 表示。

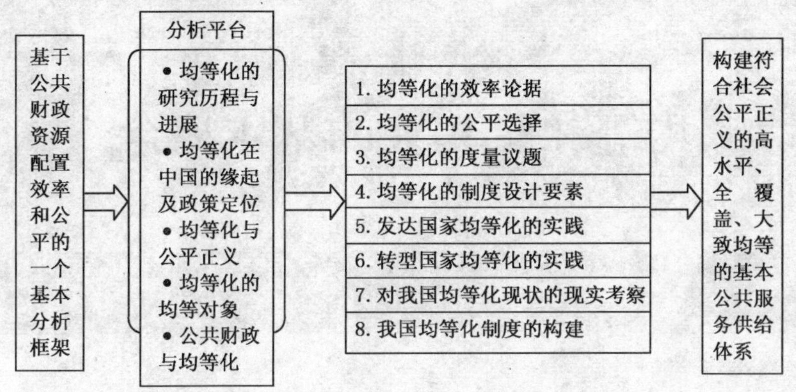

图 1　本书的基本分析框架

本书除了基本的实证和规范分析方法以外，还采用了以下研究方法：（1）国际比较法，主要用于均等化制度设计要素和均等化实践的国际比较借鉴。（2）指标分析法，主要用于比较均等化度量的各类指标，并采用了泰尔指数对中国的均等化现状进行了测算。（3）政治决策的成本—收益方法，根据财政联邦主义、公共选择理论的分析框架，对制度设计进行成本和收益分析。（4）数理模型方法，根据不同的制度设计要素设计了不同的均等化模型，并进行了可行性和合理性分析。

至此，我们就可以从均等化的相关基本概念起步，一起进入到均等化理论与实践的探索当中。

第 1 章
均等化：相关的基本概念

单从文字的组合来看，"均等化"是在"均等"之后加上了一个表示转变的"化"字而已，所以对均等化的考察，不妨从其核心词"均等"开始。但"均等"其实并非经济学的专用术语，而且远比均等化悠久。要在公共经济学领域进行均等化研究，除了有必要了解其研究发展的脉络和在我国产生的特殊历史背景之外，还必须将均等的多学科含义及近义词进行梳理和探究，如此方可知均等化的经济学内涵以及它与公共财政的关联。

1.1 均等与公平正义：多学科的考察视角

均等，英文为 Equality，也译为平等，是一个与"公正、正义（Justice）"、"公平（Fairness 或 Equity）"意思相近的概念，许多学者对它们的含义并未予严格区分，而许多词典也是在互换的意义上使用这些词。或者更为确切地说："平等和公正，无论在普通人看来还是在思想最深刻的智者眼中，都被包含于正义理念当中。”①

1.1.1　均等与正义

（1）多学科视角中的正义

①语意学中的正义。从语意学的角度来看，在大多数语言中，与“正义”相应的词的词源都与“制定法”（Positive law）或法的早期形式即命令性惯例的由来有关。希腊语中，Δίκᾳιον 来源于“δίκη”，最初的含义仅仅是指做事情的模式或者方式，后来才演变为那些认可的族长、司法、政治等权威势力所强制要求的行为方式，后指法律中的诉讼案。英语中，“Justum”（正义）是“Jussum”（命令）的一种表现形式，“Jus”（法）也同样源于“Jussum”。德语中的“正义”来自法的同义词“recht”。不过事实上其最初的意思并不涉及法律，而是形容物理上的“笔直”。法语中的“la justice”正是司法的代名词。所以，穆勒（Mill，1861）认为，形成正义概念中的基本因素“idée mere”肯定是和法律相一致的，它构成了基督教产生之前希伯来人的全部理念，即相信一个民族的法律适用于全体公民。② 而在汉语中，正义一词由来已久。《荀子·正名》谓“正利而为谓之事，正义而为谓之行”。③

语意学的考证表明，正义虽然不是经济学的专用术语，但它在法律、社会、政治，甚至经济中的重要性不容忽视。

②哲学和伦理学中的正义。古希腊的柏拉图（Plato，公元前427—公元前347年）是西方第一个系统地论述正义的哲学家。可以说他的《理想国》就是一部正义论。《理想国》将正义描绘为一种对国家的道德要求，强调的是社会生活的等级秩序。为了实现国

---

① ［英］约翰·斯图亚特·穆勒：《功利主义》，九州出版社2007年版，第141页。
② ［英］约翰·斯图亚特·穆勒：《功利主义》，九州出版社2007年版，第109页。
③ 参见《荀子·正名》。

家的正义，柏拉图确立了两个基本原则，一个是“哲学王”的思想，一个是“共产主义”制度。亚里士多德（Aristotle，公元前384—公元前322年）则区别了若干种正义，即分配的正义、矫正性的正义和相互性的正义。其中矫正性的正义，以人类的绝对平等关系为前提，它要求对所有人都一视同仁，肯定人与人之间的一种平等交换关系。[①] 正义定义的首创者乌尔·比安（Domitius Ulpianus，533）指出“正义是给予每个人应得的部分的这种坚定而恒久的愿望”。这个定义穆勒（1861）曾给予了非常到位的阐释。“倘若根据‘应得’的信条以善报善和以恶报恶是每个人应尽的义务，那么必然意味着我们对所有应当得到我们同等待遇的人都一视同仁，同样，社会也对所有应当得到它平等对待的人一视同仁。这是个体正义和社会正义的最高抽象标准。一切社会制度、所有有德公民都应当尽最大努力向着一标准靠拢。”[②]

边沁（Bentham，1776）创立的古典功利主义（Utilitarianism）将正义视为实现最多数人的最大幸福的满足。最大幸福的满足对个人而言是如何配置他能支配的资源以获得最大功利（或效用）的满足，对社会而言就是如何使其制度能最大限度地增加社会总体的满足的净余额，如果做到这点，这个社会就是安排恰当的，因此也是正义的。罗尔斯（Rawls，1971）对古典功利主义进行了修正。他提出了作为公平的正义（Justice As Fairness）理念，坚持认为处于原始状态（Original Position）的人们将选择两个相当不同的原则：[③] 第一原则要求平等地分配基本的权利和义务；第二个原则认为社会和经济的不平等（例如财富和权力的不平等）只要其结果

① ［古希腊］亚里士多德：《尼各马可伦理学》，中国社会科学出版社1999年版，第95页。

② ［英］约翰·斯图亚特·穆勒：《功利主义》，九州出版社2007年版，第143页。

③ 原始状态是恰当的最初状态（Initial situation），这种状态保证在其中达到的基本契约是公平的。这种事实引出了“作为公平的正义”的名称。

能给每一个人，尤其是那些最少受惠的社会成员带来补偿利益，它们就是正义的。[①] 哈耶克（Hayek，1947）虽然否定“社会正义”观念，不等于说他也否定“正义”观念。如他所说，正义既然是人的行为属性，那么，当我们说一个人的某种行为是否正义时，就意味着他是否应该有某种行为。“应该”本身就预设了对某种普遍规则的承认。这种普遍规则，在哈耶克那里，就是用“同样的规则”对待不同的人，也就是“法律面前人人平等的原则”。[②]

马克思主义（Marksim）反对抽象地谈论人性和正义，认为正义作为一种价值观念，在不同的历史时期，对不同的阶级有不同的内容。正义是人类社会的崇高境界，“真正的自由和真正的平等只有在共产主义制度下才可能实现；而这样的制度是正义所要求的”。

我们还能够在思想史中找到更多互不相同的正义观点。尤其到了近现代，西方思想家们主要用“正义”作为评价社会制度的一种道德标准，它被看作社会制度的首要价值。正义的主题或对象就是社会，尤其是社会的基本政治和经济制度。所以，正义即指制度的道德、制度的德性，是指称社会基本结构的属性是否道德的一个概念。

（2）均等与正义的密切关联

正义和均等或平等是密不可分的。许多学者在论证自己的平等观时，往往将其诉诸正义，而他们在论述“正义”时往往又借助于平等，通过论述平等来说明正义。更多的学者断言，正义即平等，将正义寓于某种平等之中，通过平等体现正义，彰显正义。戈尔丁说：“正义的核心意义与平等观念相联系。”[③] 而威廉·葛德文

① ［美］约翰·罗尔斯：《正义论》，京华出版社 2000 年版，第 29 页。

② ［美］哈耶克：《个人主义与经济秩序》，北京经济学院出版社 1989 年版，第 16 页。

③ 戈尔丁：《法律哲学》，三联书店 1987 年版，第 236 页。

对正义的理解是："在同每一个人的幸福相关的事情上，公平地对待他，衡量这种对待的惟一标准是考虑受者的特性和施者的能力。所以，正义的原则，引用一句名言来说，就是'一视同仁'。"而罗尔斯更强调了正义与平等的关系，他提出了关于正义的一般观念："所有的社会基本善——自由和机会、收入和财富及自尊的基础——都应被平等地分配，除非对一些或所有社会基本善的一种不平等的分配有利于最不利者。"① 并且罗尔斯将平等分为两个层面：在政治层面，平等表现为平等的自由权利和民主政治；在经济层面，平等涉及分配的正义。在他看来，政治层面的平等比较容易解决而且基本上已经解决了。所以，平等的核心问题就是经济领域中的分配正义。哈耶克所说的"平等"，与罗尔斯所说的"平等"，只是在自由平等的权利或机会平等的意义上，他们才是一致的。哈耶克始终坚持的"平等"，只是在自由和法治秩序之下的"机会平等"，并认为这才是真正的平等，才是能够保持自由的惟一一种平等。②

虽然各学者的正义论基点不同，如罗尔斯的正义论是以个人"平等"为基础，诺齐克的"正义论"是以个人"权利"为基础，而哈耶克的正义论，则是以个人"自由"为基础，但毫无疑问，这些学者不约而同地把正义与平等联系在一起，以平等支撑正义。因为缺少了平等，正义就会成为说不清道不明的抽象价值。一个正义的社会，必然是平等的社会，缺少了平等的社会，正义便名不副实。而要使平等成为现实，正义应该是首要的社会条件，平等或均等是正义的言中之义和重要构成要素。

当然，正义与平等或均等是两个不同层次的范畴，正义显然是一个涉及人的价值、尊严以及人的发展的根本问题的范畴，它历来

① ［美］罗尔斯：《正义论》，中国社会科学出版社 1988 年版，第 292 页。

② ［美］哈耶克：《自由秩序原理》（上），三联书店 1997 年版，第 102 页。

就有神圣、崇高与尊严的意思，体现着真、善、美的全部内涵。正义的本质就是人对人自身本质的确认。在这个意义上，正义是人之为人的真正之义。而平等或均等是构成正义规定性的重要因素。所以正义是一个更高的精神层面，而平等或均等是实现正义的基石所在。

1.1.2　均等与公平

(1) 多学科视角中的公平

①哲学和伦理学中的公平。在古希腊，最初的公平观念来自于对不公平的社会关系的调节。梭伦（Solon，公元前 594 年）在实行变革时，其内容之一就是适度侵犯所有制，避免过度两极分化，以调整社会关系。他认为，公平就是不偏不倚。在梭伦之后，古希腊人提出了许多公平观。伯利克利（Pericles，公元前 444 年）认为，法律对所有人都同样地公平。普罗塔哥拉（Protagoras，公元前 490—公元前 420 年）认为人是万物的尺度，每人具有公平、诚实与其他政治德行，公平则为规矩认可的行动。亚里士多德首先把公平原则从形式上系统表述为同样的情况同样对待，平等的应当平等对待，不平等的应当不平等对待。除此之外，他把公平的表现形态分为相对公平和绝对公平。相对公平也即法律上的公平，而绝对公平，是不受时空限制的公平，是建立在自然法基础上的公平。把公平与自然法联系起来，表明他实际上把公平理解为一种最高价值。①

中世纪，西欧的思想家在基督教神学思想的统治下，对公平问题进行了研究。基督教《圣经》的公平思想源自基督教教义的两个前提，这就是上帝创世说和人类原罪说。这两个前提意味着公平

① ［古希腊］亚里士多德：《政治学》，转引自巫宝三主编：《古代希腊、罗马经济思想资料选辑》，商务印书馆 1990 年版，第 136 页。

的两种思想。第一种思想是在上帝面前人人平等。第二种思想是原罪说的平等思想。人由于祖先犯了罪，就失去了和上帝对话的平等，为此，基督教神学家们认为，只有天上之国、上帝之国才是绝对的、普遍的公平，地上之国则只有相对公平。而地上之国的公平就是遵守秩序，各守其职，和谐一致。

17—18 世纪，是欧洲资产阶级革命时期，资产阶级思想家以自然法理论为基础，展开了对公平问题的研究。这种研究的最早代表人物是格劳秀斯（Grotius，1583—1645 年），他认为自然法给人们的理性和行为提供了正当的、正义的准则，这些准则就是自然权利，自然权利正是有了人类共有的理性才成为公正的、公平的、人们普遍遵行的法则。继格劳秀斯之后，霍布斯（Hobbes，1588—1679 年）论述了建立在自然法基础上的公平理论。他认为，自然法最核心的内容是“己所不欲，勿施于人”，在自然法支配之下，人人都是平等的，遵守自然法就是实现正义、公平、公道。

在资产阶级革命逐步取得胜利后，一些思想家开始从新的角度对公平的问题展开论述，自由主义和平等主义各执一词。概括地讲，自由主义思想家们以生存、自由、财产等个人权利的观念当作道德原则的假定，他们所理解的一切人有权得到的惟一平等就是过程公平，过程公平包括机会均等、按劳分配等方面。在自由主义者看来，这种平等趋于最大限度地扩大个人的行动自由，尤其是在经济领域中获得经济成果和经济价值的自由。他们认为，既然人们按照自由的方式对经济做贡献，而且他们所做的贡献是他自由选择的结果，因此，按各人的贡献分配经济负担和经济利益就是公平的。与把公平过程作为过程公平、机会均等的自由主义理解相反，平等主义者较多地把公平理解为条件平等。在他们看来，公平是就一种分配状态、结果状态而言的，这一理解的核心是无论个人之间有何差异，人人都应受到平等的对待，不仅在道德、政治领域，而且在经济领域。

马克思、恩格斯关于公平的思想也是很丰富的。在他们的代表著作中，如《哲学的贫困》、《论住宅问题》、《哥达纲领批判》、《反杜林论》等著作中，[1] 对公平做了许多阐述，其思想集中在以下三个方面：第一，公平是人们对社会事物进行价值评价时表现出来的观念，是一种价值评价形式，一种思想意识。它可以是一种公平感，也可以是一种学说、理想、主张以及体现为一定的制度等。公平观体现在社会的经济、政治、道德、法律等多种领域，即有经济领域的公平、政治领域的公平、道德领域的公平、法律领域的公平，是评价各种社会关系的重要标准。第二，公平始终只是现存经济关系的观念化表现。公平观作为社会意识形态，有一定的历史连续性，但归根到底是现存经济关系的反映，是随着社会经济关系的发展变化而发展变化的。公平的标准会随着历史的演进而不断更新，随着时代的变迁而不断补充新的内容，所以没有永恒的公平定则。第三，公平观有革命的或保守的。由于人们在经济关系中所处的地位和利益不同以及政治主张和思想认识不同，公平观的内容、性质和追求的目标也不相同；有革命的公平观和保守的公平观。革命公平观的社会作用是积极的、进步的；保守公平观的社会作用是消极的、落后的。

②经济学中的公平。尽管公平和平等的畅想在人类思想史上已经传递了几千年，但在很长一段时间内，它却没有引起经济学界足够的重视。古典经济学家将更多的注意力投向了经济效率，他们对市场机制的美妙阐述和对市场秩序的热切追求，至今还影响着经济学的发展。

古典经济学一贯强调自由市场秩序中的“机会公平”，反对通过社会产品再分配实现“结果公平”。在收入分配这个问题上，他们执著地认为，收入分配是不可改变的，贫穷将永远伴随人们。他

① 参见马克思、恩格斯：《马克思恩格斯全集》，人民出版社 1958 年版。

们在分立的财产制度和个人权利的基础上，重视自由市场秩序中每个人的机会公平，而任何试图超越机会公平原则去追求社会再分配领域实现公平的思想，都是要将某一个社会群体的意志或利益凌驾于整个社会经济自由之上，这不仅不能实现公平，而且威胁到自由制度本身。同时，古典经济学否定国家和政府在促进社会分配公平中所起的作用，政府在社会再分配领域促进社会公平的政策不仅会破坏市场效率而且也不会促进社会公平。如果我们仍然要找寻古典经济学中的公平理念，恐怕得更多地聚焦在他们对税收领域的研究。配第（Petty，1690）认为："这些税收并不是依据一种公平而无所偏袒的标准来课征的，而是听凭某些政党或是派系的一时掌权来决定的。"[①] 由此，他奠定了税收的公平原则。斯密（Smith，1776）提出的税收平等原则，认为国民应依其在国家保护下所得收入的多少为比例，向国家缴纳租税。这种观点在其他古典经济学家的税收思想中也可窥见一斑。

庇古（Pigou，1920）最早打破了古典经济学在分配问题上无为而治的传统，面对庞大的社会财富和大众严重贫困的对比，他第一次比较系统地表达了对经济公平的关注。在其《福利经济学》中，他把效率和公平（平等）同时纳入了经济分析的视野。在庇古看来，争取效率就是要合理配置资源，增加国民收入；而争取平等则是将富人的部分收入转移给穷人，实现收入均等化。如何才能把富人的一部分收入转移给穷人呢？庇古提出了四条措施：[②] 一是自愿转移，即富人自愿自觉地拿出一部分收入，来举办教育、科研、保健和娱乐等福利设施，或捐助慈善事业。二是强制转移，由政府征收所得税和遗产税，然后将其中一部分资助穷人。三是直接

① ［英］配第：《政治算术》，商务印书馆 1978 年版，第 72 页。

② ［英］A. C. 庇古：《福利经济学》（下卷），商务印书馆 2006 年版，第 735—764 页。

转移，也就是举办社会保险和社会服务设施，“为穷人集体使用的公园，或为穷人私下使用的花朵，可以转移给他们。这些对一般卫生公共设施来说也是正确的……免费学校教育赠予穷人的孩子，或者免除学费的一部分——包括教育费数量由当局决定，也属于相同性质”。四是间接转移，对于穷人最迫切需要的食品、住宅等商品，由政府给予其生产单位一定补贴，或者由当局干预价格，使得穷人从中受益。可见，庇古的“收入均等化”试图通过将富人的部分收入转移给穷人的办法来实现社会公平。

以马歇尔（Marshell，1890）为首的新古典经济学派和古典经济学派一样，崇尚经济自由，对资本主义市场机制的自发调节作用推崇备至。他们认为在充分自由竞争条件下，追求个人最大利益的理性人所进行的经济活动，会自然而然地使社会经济生活处于最好的有序状态，而参加经济活动的各方面都会更好地实现自己的目的。他们反对政府干预分配，认为任何试图使“结果均等”的努力都会给社会经济发展带来极大的损害。并认为只有竞争的市场才是最有效率的，而竞争和自由是紧密联系的，如果政府干预，就等于没有了自由，市场竞争也无从谈起，效率也就随之消失。效率本身就意味着公平，因为效率与个人能力和努力相关，效率反映了个人的勤奋程度与技术水平，收入多少正是给予他的最公平的回报。

凯恩斯（Keynes，1936）的宏观经济学则看到了市场的无力、效率的丧失，由此他认为要对市场进行干预，要发挥有形的手的作用，这样才能真正实现经济上的高效率。政府干预经济除了解决市场自发配置资源产生的低效率或无效率外，还可以减少由于市场的缺陷所造成的收入不平等问题。因为在市场经济中，人们在财产占有、接受教育机会和能力等方面机会不均等，造成了收入差别。因此市场本身的缺陷要求政府对公平问题实行某种干预。萨缪尔森（Samuelson，1947）则审慎地分析了市场与效率、政府与公平之间的关系，表明了自己在公平问题上的立场。他认为市场经济可能会产生令人难以接受的收入和财富水平的巨大差异。收入再分配就是政府为求得公平而采取的经济政策。但是收入再分配并不等于收入结果均等，如果经济要有效率地运行，经济结果存在某些差别是必不可少的，一味的坚持结果的公平会严重阻碍经济机制发挥作用。斯特格利茨（Stiglitz，1998）则告诉我们“公平乃是评估政府计划可行性的核心准则”，① 政府所承受的公平压力不仅要求个人和团体受到公平的对待，而且还要求他们所受到的如此这般的待遇显现出来。

（2）均等与公平的密切关联

多学科的视角考察清晰地传递给我们这样一个强烈的信号：众多的学者将平等或均等视为公平的一个重要内容，它们不仅是政治哲学、道德哲学和经济学所探讨的核心问题之一，而且如同自由、民主一样，是社会发展的核心价值目标。作为道德规范，它们不仅调节着人与人之间的关系，而且调节着人与社会的关系。作为分配原则，它们的实质是使各种利益分配合理、公正。

相较于均等，公平具有广泛的内涵，它不仅指社会制度及规则公正、平等，指收入分配规则公平，也包括人与人、人与社会之间利益关系的“相称”或平衡，以及对这种关系的反映或评价。但两者都不要求利益的平均分配，尽管两者都有“平等”的含义。另外，一如马克思所论述的，公平是一定社会关系下的相对的公平，其标准是历史的，同时也是发展的。就不同的社会制度而言，人们评价某一社会制度更公平，是相对于以前的社会制度而言的；人们评价同一社会制度时，公平总是相对于某一特定尺度而论。在认识和评价是否公平的问题上，人们总是从特定的目的出发，评价的标准和尺度带有明显的主观色彩和极大的差异性。而均等的真实

① ［美］斯蒂格利茨：《政府为什么干预经济》，中国物资出版社 1998 年版，第 54 页。

含义及其衡量标准虽然也具有相对性和发展性，但不受时代、社会制度等条件的制约，其标准更为固定和明确。

随着社会的发展，特别是市场经济体制的建立和发展，财富分配不公的状况日益加剧，公平和均等也越来越具有超越经济的意义。两者的有无或大小，关系到社会凝聚力的有无或大小，关系到民众对社会和政府的信任程度，进而关系到社会的稳定。只有实现了均等和公平，才能最大限度地消除种种社会问题，实现经济的持续发展。

至于均等化，是将中文的“化”之一字，放在名词或形容词后，表示转变成某种性质或状态。均等化的英文为“Equalization”，是将“均等的”（Equal）后加了一个“ize”的后缀变成动词形式，表明使均等、使平等，再将动词“Equalize”变成名词形式得来。这种后缀的处理方式，也是“成为……形态”，“……化”的意思，与中文有异曲同工之妙。

所以，单纯从字面意义来分析，如果说均等代表了一种理想的目标，均等化则是这一目标而必须作出的转变；如果说均等代表了一种追求的结果，均等化则是为了实现这一结果而必须采取的手段。同均等一样，均等化也是一个与正义、公平不可分割的概念，甚至比均等更为联系紧密。所以，对均等化的研究，必须始终将正义、公平放置其间。

1.2　基本公共服务：含义及范围

在经济学领域，均等化实际上是“公共服务均等化”的缩略语，在我国更代指“基本公共服务均等化”。不论是公共服务还是基本公共服务，涉及的都是均等化的对象问题。所以，我们还十分有必要清楚什么是公共服务，什么是基本公共服务。

1.2.1 什么是公共服务？

公共服务（Public Service）是公共经济学研究的一个起点概念，也是一个与公共物品密切相连的核心概念。庇古（Pigou，1925，1956）最早在其《公共财政研究》一书中提出了“公共物品”的用法。而萨缪尔森（Samuelson，1954）在他很有见地的论文中，把纯公共物品定义如下：“每个人对这种物品的消费，都不会导致其他人对该物品的消费的减少。”① 萨缪尔森为纯公共物品举出的例子有：社区的和平和安全、国防、法律、空气污染控制、防火、路灯、天气预报和大众电视，等等。此后，其他学者相继对公共物品和服务进行了独到的研究，如布坎南（Buchanan，1965）研究了俱乐部物品即拥挤性公共物品；布雷顿（Breton，1965）则按提供服务的地理区域将物品划分为地方公共物品、区域公共物品和国家公共物品；蒂布（Tibout，1965）最早提出，人们根据他们的偏好向提供最利于自身的公共物品和税收组合的地方迁移，从而披露了他们对于地方公共物品的偏好；马斯格雷夫（Musgrave，1969）提出了中间公共物品概念，指出中间公共物品的收益可以当成厂商的纯利润或者租金。布朗、杰克逊（Brown，Jackson，2000）重申了公共物品应有两种属性，即非排他性和非竞争性。

尽管对公共物品和服务的研究如此之多，但遗憾的是无论在理论研究中，还是在现实应用中都异常混乱。根据 Ver Eecke（1999）的统计，与私人物品相对应的、独立使用并具有公共性的产品和服务概念有 18 种之多，而且具体所指也不尽相同。其中，应用最多的是“公共物品”和“公共服务”这两个概念，而且两者常常被视为等价。如我国学者张馨（2004）、高培勇（2004）、江明融

① P. A. Samuelson. 1954. *The Pure Theory of Public Expenditure.* Review of Economics and Statistics，36（November 1954），pp387 – 389.

（2006）认为，公共服务是与公共物品相同的概念。最为经典的萨缪尔森定义，由于过于抽象，使其在现实中难以指导实践。与现实中丰富多样的公共服务相比，真正满足非竞争性和非排他性的物品和服务极其有限。很多人甚至质疑，即便是通常认为的纯公共物品——国防，也并非真正所有地区都享有同等的防务；相反，基础教育既不满足非排他性，也不满足非竞争性，然而当今绝大多数国家却都将其视为最基本的公共服务。

正是由于理论界定上的莫衷一是，使得现实中各国对公共服务的界定采取了更为务实的做法。有人主张在市场和政府二分法框架下，从市场的角度看，凡是市场不能提供或提供不足的物品和服务，都属于公共服务，政府应该理所当然地承担起责任；或者，从政府的角度看，凡是政府职能范围所在，都称为公共服务。但是市场与政府的边界并非一成不变，也并非一贯清晰，而且很多人认为政府职能应比公共服务更宽泛。所以，现实中最为有效的方法就是列举法，通过具体列举公共服务的清单来界定公共服务的范围。例如加拿大把教育、医疗卫生和社会服务（主要是社会福利）作为联邦政府财政均等化的主要项目。澳大利亚把教育、健康保健、养老保障等作为均等化主要项目。印度尼西亚把初等教育和公路设施列为政府财政均等化的内容。巴西把医疗卫生列为转移支付项目。哥伦比亚和智利把教育列为转移支付项目。然而，比较不同国家之间，或同一国家的不同发展阶段的公共服务清单，会发现这份清单的内容和覆盖范围同样存在差异。福利国家的公共服务清单通常比非福利国家的清单长，发达国家的公共服务清单一般又比发展中国家丰富。

在我国，目前公共服务的范围也是通过清单方式列举的。中共十六届六中全会通过的《中共中央关于构建社会主义和谐社会若干重大问题的决定》中明确指出我国公共服务包括教育、卫生、文化、就业再就业服务、社会保障、生态环境、公共基础设施、社会治安等内容。一些学者也是采用列举法来罗列我国的公共服务。如丁元竹（2007）认为，从我国当前所处阶段看，公共服务的范围清单应包括：国防、外交、基础教育、公共卫生、社会保障、基础设施、公共安全、环境保护、基础科技、文化娱体、一般公共服务等十一个方面。

通过现实情况比较，我们发现公共服务一般具备四个共同特征：社会性、公共性、公平性和动态性。所以，公共服务可定义为：建立在一定社会共识基础上，为实现特定公共利益，一国全体公民不论其种族、性别、居所、收入和地位等方面的差异，都应公平、普遍享有的服务。

1.2.2 什么是基本公共服务？

基本公共服务则是在公共服务的基础上进行遴选，对于哪些属于基本公共服务，目前并没有统一的认知。在联合国的文件中，基本公共服务包括清洁水、卫生设施、教育、医疗卫生和住房。联合国儿童基金会和联合国开发计划署在南非把基本教育（学前和小学教育）和初级医疗定义为基本公共服务，同时也讨论了饮用水、卫生设施、营养、社会福利和公共工作项目，把它们部分地作为基本社会服务。

如果我们从这种列举方式中来寻找基本公共服务的共性，我们发现它是指建立在一定社会共识基础上，为实现特定公共利益，根据一国经济社会发展阶段和总体水平，为维持本国经济社会的稳定、基本的社会正义和凝聚力，保护个人最基本的生存权和发展权，所必需提供的公共服务，其本质规定是一定阶段上公共服务应该覆盖的最小范围和边界。从清单范围看，应该是公共服务清单中最基础和核心的部分。同时，受特定阶段制约和需求层次要求，其也体现为各类公共服务和各类公共服务内部各层次服务中，最应该且可以得到优先保证的部分。

在我国，基本公共服务的范围也是通过列举方式来框定的，但列举的依据不同。有学者根据《中华人民共和国宪法》（以下简称《宪法》）中对公民基本权利的规定来界定基本公共服务（丁元竹，2007）。如《宪法》中提到“中华人民共和国公民有劳动的权利和义务”；“国家通过各种途径，创造劳动就业条件，加强劳动保护，改善劳动条件，并在发展生产的基础上，提高劳动报酬和福利待遇”；“国家对就业前的公民进行必要的劳动就业训练”；“国家依照法律规定实行企业事业组织的职工和国家机关工作人员的退休制度。退休人员的生活受到国家和社会的保障”；“中华人民共和国公民在年老、疾病或者丧失劳动能力的情况下，有从国家和社会获得物质帮助的权利。国家发展为公民享受这些权利所需要的社会保险、社会救济和医疗卫生事业”；“国家和社会保障残废军人的生活，抚恤烈士家属，优待军人家属”；“国家和社会帮助安排盲、聋、哑和其他有残疾公民的劳动、生活和教育”；“中华人民共和国公民有受教育的权利和义务”；等等，如此，与我国公民的基本权利相联系的基本公共服务至少应当包括就业培训、养老保障、医疗保障、社会救济和教育。

还有学者（陈昌盛，2007）根据马斯洛的需求层次论来确定哪些属于基本公共服务。我们知道，从个体角度看，人类需求可以分为生理需求、安全需求、社交的需求、尊重的需求、自我实现的需求五个层次，一般而言在前一个层次需求得到满足后，后层次的需求将上升为主要需求。以此为基础，从集体角度看，人类对公共服务的需求同样具有层次性，对各类公共服务需求的紧迫性和对其均等化的重要性并非完全一样，其将随现实条件的改善而逐步提高。所以，陈昌盛认为其所概括的九类公共服务也可分为三个层次（见图 1－1），第一层次包括基础教育、公共卫生和社会保障三类，主要确保人的基本生存权和发展权得到满足；第二层次主要包括公共安全、基础设施和环境保护三类，主要为了改善人们生存的软硬件环境，提高生存的安全性、舒适性和可持续性；第三层次主要包括一般公共服务、科学技术和文化媒体这三类，主要为了确保政府有效履行职能和更高层次的公共利益的实现。所谓基本公共服务就定位在了基础教育、公共卫生和社会保障之上。

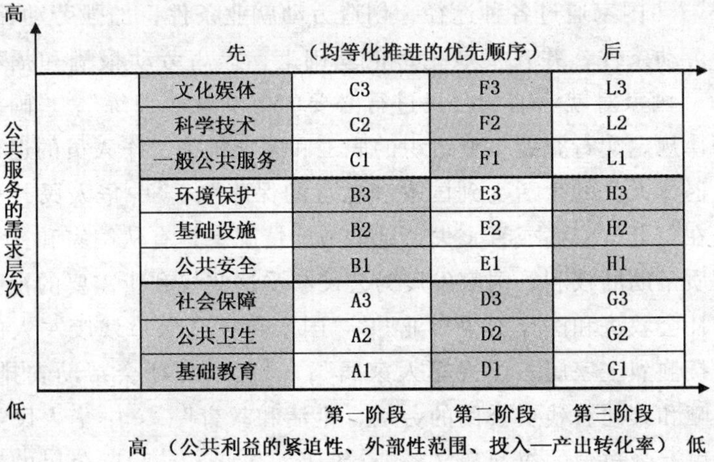

高

先　（均等化推进的优先顺序）　后

公共服务的需求层次

文化媒体	C3	F3	L3
科学技术	C2	F2	L2
一般公共服务	C1	F1	L1
环境保护	B3	E3	H3
基础设施	B2	E2	H2
公共安全	B1	E1	H1
社会保障	A3	D3	G3
公共卫生	A2	D2	G2
基础教育	A1	D1	G1
	第一阶段	第二阶段	第三阶段

低

高　（公共利益的紧迫性、外部性范围、投入—产出转化率）　低

图 1－1　公共服务需求的层次性

综合学者们的研究，再结合我国现阶段的实际、国际经验和我国《宪法》以及《中共中央关于构建社会主义和谐社会若干重大问题的决定》，本书认为应当把我国现阶段的基本公共服务界定在基础教育、基本医疗服务、社会保障、就业服务等方面，而基础教育、基本医疗、基本或最低社会保障应当是我们基本公共服务中的“基本”。

1.3　公共财政与均等化：经济学的多维视角

均等化还有一种称谓，即财政均等化，可见它与财政的密切性。在我国，均等化更被视为今后一个阶段公共财政体系建设的核心，所以在此有必要分析一下公共财政与均等化的关联。

1.3.1　分配正义的视角

在现代市场经济条件下，分配正义不能被市场自发地解决，而应该是在“市场失灵”条件下的一种政府职责。虽然蒂布的“以脚投票”理论告诉我们：各地区人口的自由流动最终会导致公共服务的大致均等化，但事实上，经济因素（低收入现象）、制度因素（户籍制度）、交通因素（不便利的交通）、地理与气候因素、历史与文化因素等都会制约人口自由流动的实现，市场自发的均等化也就成了空中楼阁。所以，只有在中央政府层次上的流动性才不会成为干扰再分配政策有效性的因素，也只有在中央政府层次上能够平衡各地方之间的差异。如是，我们需要中央政府建立某种以人人平等为起点，以全面促进社会存在、发展，实现和维护全社会每个人的平等权利的制度来实现分配正义的目标。而公共财政制度最重要的功能之一，便是通过社会财富的再分配，矫正市场条件下的初始分配不公平，实现一定程度的再分配公平。让公共财政发挥此项职能的重要途径之一就是公共服务的均等化。

分配正义所应遵循的最基本原则是人性——需要原则。对此，艾德勒说得非常透彻：“必须以某种方式满足一切人的最低经济需求。在这个经济基础线上，必须人人平等。对这些财富，每个人都是生来有权得到的。”① 而公共财政体制的最典型特征，就是以满足整个社会的公共需要作为自身的出发点和最终归宿。也就是说，在坚持以人为本，实现全面、协调、可持续发展的进程中，公共财政的职能范围是以满足整个社会的公共需要——而不是满足哪一个阶级、哪一个阶层、哪一种所有制、哪一类特殊利益集团的需要

① 艾德勒：《六大观念》，三联书店 1991 年版，第 184 页。

——为口径界定的。[1] 从这个角度来看，均等化就是为满足社会公共需要而作出的分配正义举措。

1.3.2 社会公平的视角

社会公平历来被视为政府的经济目标之一，主要包括三方面的内容：公共服务均等化、社会保证和社会保险。[2] 在这里，公共服务均等化涵盖了两个不同的方面，即基本公共服务均等化和差异性公共服务均等化。前者之所以称为“基本”，是因为这些公共服务对社会公众的生存和发展具有基础作用，它们所满足的是公众基本的社会公共需要。无论城市居民，还是农村居民，对这类公共服务的需求是无差异的。它们对所有居民，都具有同等意义。所以，对于基本公共服务，就应该按照服务的数量和质量进行衡量，要求实现结果的均等。后者之所以称为“差异”，是指由于各地（特别是城乡）经济发展水平、社会环境、人文风俗等的不同，不同的居民对公共服务存在需求上的差异，如在专业教育、文体事业、科技服务等领域。如果同质、等量的提供差异性公共服务，将会偏离消费者的偏好，产生效率损失。所以，差异性公共服务均等化的判断标准是效用的最大化。

实际上，财政作为公权力（现代社会中表现为国家或政府的权力）为了公益而对私经济的介入，[3] 其政策目标与政府目标完全一致，所以，均等化既可被视为社会公平的一个重要成果，也可被视为实现社会公平的一个重要财政手段。

1.3.3 经济效率的视角

均等化不仅与正义和公平相关，它也涉及经济效率问题。在西

① 高培勇：“财政开始与农民准国民待遇”，《经济》2004 年第 9 期，第 60 页。

② 吴俊培、许建国、杨灿明：《财政学》，中国财政经济出版社 2001 年版，第 34 页。

③ 高培勇主编：《财政与民生》，中国财政经济出版社 2008 年版，第 9 页。

方国家，均等化往往被看做财政分权的对立面（Boadway，2004）。财政分权最显著的特征就是使得公共服务的提供更有效率。但是，分权也有诸多的弊端，最突出的是由于各省自然禀赋差异较大，税收努力程度也有差别，特别是由于联邦制国家中的省或州政府拥有独立的税收和支出权力，可以自主决定税率水平，导致了财政能力的极大差异，从而引致了公共服务供给的不均等。特别是在教育、交通、住房、社会娱乐、公共秩序等关系到民众福利的领域，由于分权程度普遍较高，供给的不均等状况也就越明显。于是，均等化作为矫正财政分权效率损失的伴生物而存在。

均等化对财政分权的效率弥补可从三个方面来看：其一，如果财政分权决策确实为每个地区内部带来了最优的资源配置，那么，惟一的无效率就是地区间的资源配置，均等化只要关注地区间的均等即可。其二，如果地区的财政分权决策在某种程度上并非最优，比如财政支出或财政收入都产生了财政外部性，单独的均等化措施来实现最优的资源配置就显得力不从心，必须采取其他的政策措施来加以配合。当然，这些政策的设计是一件相当复杂的事情（Dahlby 1996，Sato 2000）。其三，均等化自身也可能产生无效率。同其他的再分配措施一样，如果均等化分配所依据的公式缺乏公正与合理，那么将影响到地方政府的行为，或减少征税努力，或增加支出需求，均等化的负面激励效应由此产生。

1.3.4　经济伦理的视角

在亚当·斯密时代，经济学是广义道德哲学的一个分支，阿马蒂亚·森（Sen）指出，直到不久以前，经济学还是剑桥大学道德科学荣誉考试中的课程。[①] 虽然经济学与伦理学和道德哲学之间存在着深刻的内在关联，但是在经济学的发展历程中，特别是经过马

① 孙英、吴然：《经济伦理学》，首都经济贸易大学出版社 2005 年版，第 7 页。

歇尔和萨缪尔森的拓展，经济学逐渐地抛弃了它的伦理学渊源，在前提假定和论证范式中都发展了它的工程学特征和数理形式。但在20世纪70年代以后，经济伦理学开始作为一门独立的学科出现在美国，同时在欧洲和其他国家相继掀起了经济伦理研究的浪潮。90年代以后，基于建立和完善我国社会主义市场经济体制的理论和实践的需要，经济伦理问题迅速成为我国理论研究的热点之一，而财政伦理议题也随之产生。

财政伦理的主要内容之一就是如何分配财政资金，毫无疑问，财政资金的分配应秉行公正、平等、人道的原则。公正分配，要考虑的是中央政府筹集的财政收入是否承担了相应的义务（代表全体社会成员履行了他们承诺的义务），保障和增进了全社会和个人的总福利；其次，中央政府与地方政府的权利与义务是否公正地分配，其所属社会成员是否享有平等的待遇？平等分配则有两层含义：第一要使所有同级政府，以及全体社会成员享有的基本权利完全平等；第二要使同级政府，以及全体社会成员享有的非基本权利比例平等。同级政府、全体社会成员享有的基本权利完全平等，“就是因为，并且仅仅因为每个人参与缔结社会这一最基本、最重要的贡献和因此所蒙受的损失是完全相同的”。① 基本权利是已多次提到的每个人只要作为社会成员就应享有的基本的权利，如基础教育、基本医疗、基本养老保障等。人道分配，其主要精神是“把人当人看”，“使人成为人”，或者说对所有社会成员“一视同仁”。

基于此，不论哪一级政府、哪一个社会成员，也不论他们所处的区域如何，在保障其基本权利这一块，财政资金的分配上必须公平，公共服务的享用上也应平等，这与他们是否为财政收入作出重大贡献没有直接的关系，只与他们参与社会缔结的基本贡献相关。

---

① 王海明：《新伦理学》，商务印书馆2001年版，第313页。

同时，与社会成员居住在城市还是在农村，是在贫困地区还是在富裕地区也没有直接的关系，他们都有权利获取这部分财政资金或者由财政资金提供的公共服务。可见，财政伦理就是要为财政分配提供这样的符合正义精神的道德原则，使财政分配拥有毋庸置疑的公正、平等和人道。这也正是均等化的内涵所在。

1.4　小　结

均等化是一个与公平正义密切相关的概念，因而它成为维护社会公平正义，构建和谐社会的重要举措也是必然；同时，它也是完善公共财政体制建设的核心内容。在我国，基本公共服务均等化可以理解为公共财政活动提供的基本公共服务的效益，起码在政策层面上，应致力于无差别地、一视同仁地落在每个社会成员身上。当然，这是个动态的概念，也就是说一定社会条件下人们可以享受到的最低水平的基础公共服务，并不排斥地区间服务质量、数量和效果的差异（高培勇，2006）。

较为完善、趋于成熟的社会主义市场经济体制的主要标志之一就是：在追求共同富裕、社会公正上取得重要进步，使经济社会成果合理地惠及全体社会成员（刘世锦，2003）。按照如此标志，像基础教育、社会保险、卫生保健等这些具有强烈再分配因素的基本公共服务，政府应该按统一标准向全体国民提供，这样才能达到社会公平公正的目的，进而实现共同富裕的目标。

第 2 章
均等化：效率的论据

对于均等化，人们往往会罗列出它关乎公平的诸多理由。实际上，均等化还有充足的效率论据。虽然有关均等化的效率讨论并不普遍，但由来已久。如布坎南（Buchanan，1950）认为均等化应优先满足水平公平，效率次之。斯科特（Scott，1950）提出从富裕地区向贫困地区的转移支付会减缓资源的再配置，从而降低国民收入及其增长率。马斯格雷夫（Musgrave，1959）则认为，如果联邦制下所有的州都能有效地提供公共服务，按照标准公共物品的效率条件，居住在不同地区的个人之间的财政差异将得以消除。从这些早期的研究当中，不难看出经济学家们对均等化及其效率的关注。本章试图归纳和总结有关均等化的效率论据，包括弥补劳动力流动的效率损失、弥补财政分权的效率损失等，以期对均等化的效率议题有个较为全面的概括和认知。

2.1　效率的论据：弥补劳动力流动带来的效率损失

我们知道，地方政府作出的税收或支出决策往往会产生财政外部性（Fiscal Externalities），从而诱导劳动力在辖区之间作出不符合效率原则的移民决策。这种效率损失可以从两个方面来观察，一方面，当居住地的税收无法确切地反映因新移民进入而给原有居民所带来的边际拥挤成本或机会成本时，移民效率损失由此产生。对于那些税负较高的辖区，将有大量的移民因此刺激信号而迁出，或较少的新移民移入，对于低税辖区反之亦然。另一方面，源于地方政府的预算带有较强的再分配效应，进而，所有地方政府的预算都带有相同的再分配格局，也仍然存在促使移民往高收入辖区的刺激，因为辖区之间存在着居住地收益上的差异。同样，这种自发移民也是缺乏配置效率的。如此，如果在一个允许居民自由流动的联邦制中，资源的有效配置是一个必须实现的目标，那么劳动力作为一种特殊的资源，其在各辖区之间的配置也必须符合效率原则：不存在一种居民空间配置使得一个居民处境更好而其他居民的处境不变。正如布坎南和瓦格纳（Buchanan and Wagner，1970），布坎南和格特兹（Goetz，1972），弗莱特斯、亨德森和米茨考斯基（Flatters，Henderson and Mieszkowski，1974），斯蒂格里茨（Stiglitz，1977），威迪逊（Wildasin，1980）、鲍德威（Boadway，1980）等所做的一系列研究指出的，在一个分权化的联邦体制中，个人在辖区之间的移民可能产生外部性，从而导致无效率的结果。只有当合理地开征地方税收并进行均等化补助时，才能纠正这些外部性，保证效率原则的实现。

2.1.1 布坎南和瓦格纳的研究

布坎南和瓦格纳的研究可以说开创了均等化效率论据的先河。他们建立了三种模型来探讨纯公共物品和混合公共物品之下的劳动力流动带来的效率损失。

(1) 成本不变，完全流动模型

在一个完全封闭的经济当中，如果所有的物品和服务都是纯私人性的，并且可以全部在个人之间分配，那么经济将处于完全竞争状态，从而实现了帕累托效率。但是如果有纯公共物品（服务）的提供，情况就会发生变化。布坎南和瓦格纳假设存在某个两级政府的联邦制，中央政府不提供任何公共服务，地方政府仅包括两个州，A 和 B。两州的劳动力人数相同，并提供相同且惟一的公共服务。土地作为固定要素，不具备生产性；劳动力可以自由流动。每个居民缴纳与其享受的公共物品（服务）的边际价值相等的边际税收价格，边际价值总额等于边际成本；同时假设没有公共物品（服务）的收益外溢。两州不同的是，A 州收入水平高且能以低税率水平提供公共物品（服务），B 州收入水平低且提供服务的税率水平较高。如此，就会产生强有力的财政激励，吸引人们从低收入水平的 B 州移民到高收入水平的 A 州。

图 2-1 显示了两州之间的劳动力流动。在劳动力总量既定的前提下，横轴衡量两州的劳动力数量，纵轴衡量公共和私人物品的价值，其价值与劳动力相关。模型假设劳动力的流动不影响私人物品的价值，反映在图中，就是总劳动力的私人物品边际和平均价值曲线不变，即 $Pvt.\ AP_A = Pvt.\ MP_A$ 和 $Pvt.\ AP_B = Pvt.\ MP_B$。由于 A 州的人均收入水平较高，它就能以较低税率提供与 B 州相同数量的公共物品或者在相同税率之下能提供比 B 州更多的公共物品和服务，所以 A 州的公共物品边际价值曲线 $Pub.\ MP_A$ 和平均价值曲线 $Pub.\ AP_A$ 都高于 B 州。这样就会诱使劳动力从 B 州移民到 A 州，

因为他可以获得某种潜在的财政收益。当然，劳动力个人不会考虑到人口的效率配置模式。随着移民的持续，对于两州内的其他居民来说，公共物品价值的差距也在加大，所以公共物品的边际和平均价值曲线都在上移。

在这个简单的模型当中，布坎南和瓦格纳认为人口将持续流动到所有的人都聚居在高收入水平的 A 州为止。显然这样的劳动力空间分布是无效率的。如果要实现封闭经济中资源配置的均衡，只有保持劳动力的无限流动，而这几乎没有可能，由此就需要政府采取其他措施来弥补上述的效率损失。

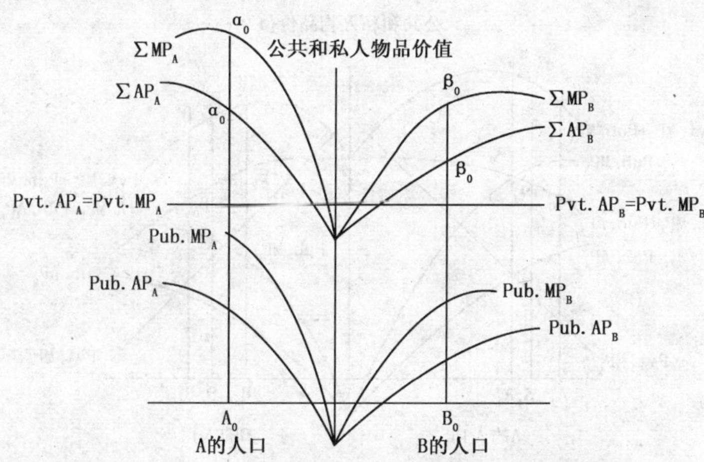

图 2－1　成本不变，完全流动的移民模型

资料来源：James M. Buchanan and Richard E. Wagner. 1970. *An Efficiency Basis for Federal Fiscal Equalization*. Virginia Polytechnic Institute and Tulane University.

（2）成本递增，李嘉图模型（Ricardian Model）

为了使模型更为符合现实，布坎南和瓦格纳在第二个李嘉图模型中将土地设置为“生产要素”。财政剩余或公共物品价值曲线不变，但私人物品价值曲线发生改变：它们受到了劳动力流动的影响。某个州劳动力的增加，某单位资源的边际生产率（以可获得的私人物品价值来衡量）将下降，如图 2 - 2 中的私人物品边际价值曲线 Pvt. MP_A 和 Pvt. MP_B 所示。纯私人物品均衡下的劳动力配置在 A 州为 A_0，B 州为 B_0，劳动力总量为 A_0B_0。在李嘉图模型中，劳动力自我决定的财政性移民数量将为 $A_1 - A_0 = B_0 - B_1$，即如此多的劳动力将从 B 州移民到 A 州。在两州私人物品边际价值与公共物品平均价值之和相等，即 Pvt. MP_A + Pub. AP_A = Pvt. MP_B + Pub. AP_B 的前提下，这种移民流动或许可以达到某种均衡状态。但是，同前所述，自发的移民决策所带来的劳动力空间配置不可能达到帕累托最优。

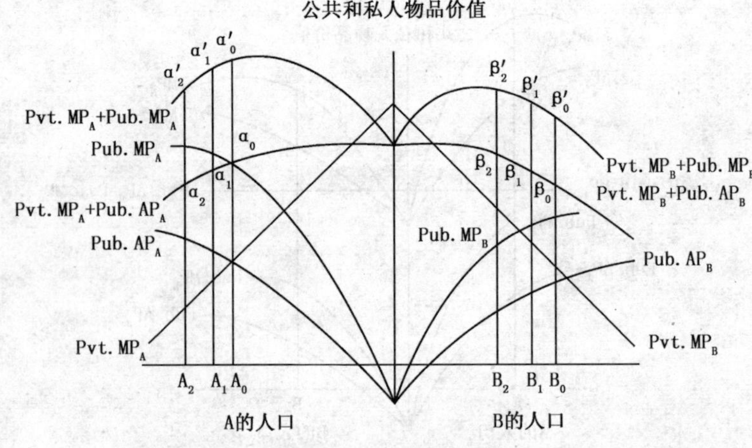

图 2 - 2　成本递增的李嘉图模型

资料来源：James M. Buchanan and Richard E. Wagner. 1970. *An Efficiency Basis for Federal Fiscal Equalization*. Virginia Polytechnic Institute and Tulane University.

最优配置点应该是两州的私人物品边际价值与公共物品边际价值之和相等，即 Pvt. AP_A + Pub. AP_A = Pvt. AP_B + Pub. AP_B。最优的或效率的移民数量为 $A_2 - A_0 = B_0 - B_2$。但是这种最优状态必须通过产权的建立才可能达到，也就是说，州政府设定公共物品或服务的价格，并要求购买了产权或付出了对价的劳动力才能移民。一旦产权缺失，或者说即使建立也不理想，劳动力的最佳空间配置只能是一纸空文。

（3）混合物品的移民模型

布坎南和瓦格纳在第三个模型中引进了混合物品（Impure Public Goods），上述的分析结果有所调整。图 2－3 中的私人物品价值曲线如图 2－2 没有改变，但是财政剩余或公共物品价值曲线发生了很大的变化。劳动力的移民决策同样会导致非最优的结果。对于纯公共物品，移民到富裕的 A 州的劳动力将少于最优数量，因为个人从来不会意识到自己的移民对于 A 州原有居民带来的收益——享受公共物品的税收价格降低了，他们更不会加总这种收益。而对于混合物品，劳动力流动往往出现了过度移民状况，进而造成拥挤消费。该模型中实际的移民数量为 $A_1 - A_0 = B_0 - B_1$，而理论上的最优移民数量为 $A_2 - A_0 = B_0 - B_2$，即如此多的劳动力“应该”从 B 州移民到 A 州，这样私人物品价值的边际损失才低于公共物品价值的边际收益。如果图 2－3 中 A 州的公共物品平均价值曲线向下移动，而 B 州的公共物品平均价值曲线向上移动，这样在两州劳动力数量分别为 A_2、B_2 的前提下，两州的私人物品边际价值与公共物品平均价值之和相等，即 $Pvt.\ MP_A + Pub.\ AP_A = Pvt.\ MP_B + Pub.\ AP_D$，劳动力的最优配置才可以实现。

通过上述三个模型，布坎南和瓦格纳得出了以下基本结论：如果将模型扩展到真实的联邦制国家，结果将是过多的劳动力涌入到富裕的辖区，一方面出现公共物品消费的拥挤，另一方面出现了劳动力的无效配置。排他性的产权或许可以作为一种政策选择，但并不理想。因而需要其他更好的制度措施来解决人口过度流动带来的无效率。这种措施，必须能够减少辖区之间财政剩余的差异，即通过 A 州向 B 州一定量的资金转移，使得 B 州能够以相同税率水平提供比以前更多的公共物品和服务；而 A 州提供比以前相对少的公共物品和服务。这种措施就是财政能力均等化，州与州之间的资金流动完全符合帕累托效率原则。

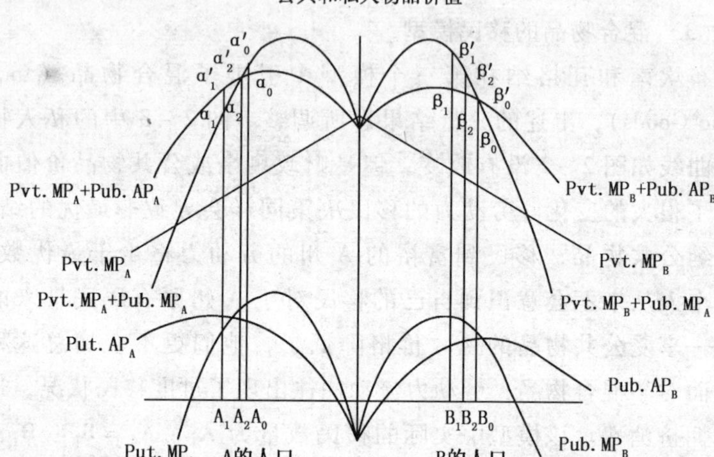

图 2－3　混合物品的劳动力配置模型

资料来源：James M. Buchanan and Richard E. Wagner. 1970. *An Efficiency Basis for Federal Fiscal Equalization*. Virginia Polytechnic Institute and Tulane University.

2.1.2　鲍德威和威迪逊的研究

鲍德威和威迪逊（1980）对均等化作为弥补劳动力流动的效率损失机制做了更深入的描述，他们直接指出，从理论上看，纠正劳动力效率损失的一种解决途径就是建立政府间转移机制，而均等化是转移机制中最好的补助方式。

对于各辖区之言，鲍德威和威迪逊将财政差异所带来的对移民的诱导定义为以下两项之和：一项是某辖区 i 的居住地税负与人均边际拥挤成本之间的差异（$T^i - MCC^i$）；另一项是因预算再分配职能所形成的居住地收益。在某个拥有两个州的联邦体制中，假设这两个州都是通过公共部门向其居民提供纯粹的私人物品，再假设 A 州是资源丰沛的州，即 A 州的人均资源价值超过 B 州。从这一假设出发，A 州从资源税课征上获取较多的税收 R^A，而 B 州无法开征这一税种。如果 A 与 B 州的人口分别为 L^A 和 L^B，则$\frac{R^A}{L^A}$是靠资源税收入资助的人均公共设施数量。当所有其他的公共设施都靠具有分配中性件质的居住税税收资助时，就会产生效率损失的移民问题。若假设移民不存在成本，图 2－4 可以说明。相对于原点 O_A，W_A 代表 A 州的工资支付曲线，同理，相对于原点 O_B，W_B 代表 B 州的工资支付曲线。由于 A 州和 B 州都存在一些固定要素，所以这两条曲线都斜率为负。当不存在对资源租金课税的条件下，劳动力将在两州内自由选择居住地，直至达到 $W_A = W_B$ 这一满足条件为止，其所带来的效率配置均衡点为 L。当移民可以获取因开征资源税而得到的人均收益时，劳动力在两州之间选择居住地的条件为：$W_A + \frac{R^A}{L^A} = W_B$，该条件所致的均衡点 L^e 显然是一个会带来效率损失的配置状态，因为 A 州将存在劳动力过剩。而这一无效率状态可以通过实行旨在于使人均资源税收益“均等化”的区域间转移支付来纠正。在这种情况下，A 州必须将$\frac{R^A}{L^A}$的一半税收转移到 B 州去。同理，如果是 B 州获取资源税，B 州也应该做相同的转移。总之，只要两州之间人均资源税收不同，即$\frac{R^A}{L^A} \neq \frac{R^B}{L^B}$，则产生移民的效率损失，而只有通过州际间人均税收水平相等的均等化补助才能消除这种效率损失。

鲍德威和威迪逊进一步强调，州际间资源税均等化这一目标在现实执行中是有困难的。如果联邦政府试图通过这一机制来就某州的某一税源实行州际转移，这一做法将会严重挫败有关州的征税努力。因此，均等化的对象应调整为征税能力或财政能力，而不是各州实际的税收收入。

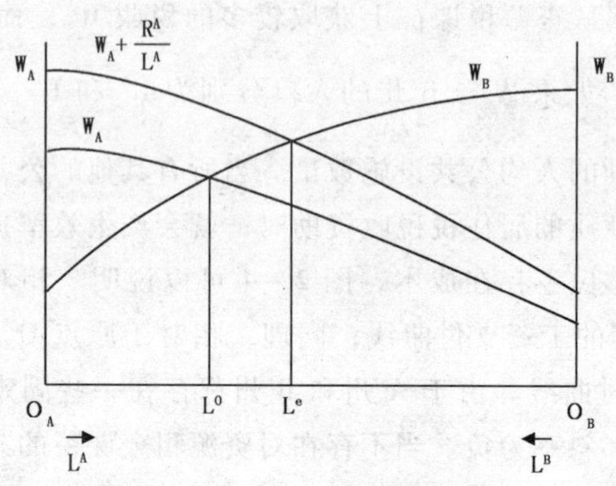

图 2－4　州际均等化

资料来源：［美］鲍德威、威迪逊：《公共部门经济学》，中国人民大学出版社 2000 年版，第 372 页。

2.2　效率的论据：弥补财政分权带来的效率损失

均等化较早地出现在联邦制国家，其根本原因在于它往往被视为财政分权的对立面而出现（Boadway，2004）。众所周知的财政分权的两个基本理由是，其一，地方政府更能迎合其辖区内居民的偏好并满足其需要（Tibout，1956；Musgrave，1959；Oates，1972），而中央政府只能提供全国范围内一致的公共服务。其二，地方政府由于具有信息优势、较低的行政管理成本和辖区间政治竞争因素，从而能比中央政府以更低的成本提供某些公共服务。但是财政分权最直接的后果是收入和支出责任的划分使得地方政府的财政能力大不相同。如果没有均等化，某些地方政府不可能以中央设定的税率水平来提供充足的公共服务。所以，均等化被看做辅助财政分权有效实施的一种工具，或者说，均等化能够帮助消除财政分权的负面效应而实现其正面的效益。

2.2.1　最优分权决策的条件

从另一个视角来看，如果财政分权能产生完全的效率，或者分权本身就能达到经典的效率和公平目标，均等化也就没有存在的必要，但实际似乎并非如此。鲍德威（2004）通过分析分权决策的最优条件来佐证均等化的必要。

假设两个辖区，劳动力投入是惟一影响辖区总产出函数的变量。在最基本的模型中，如果劳动力同质并且在辖区间流动（或许有些成本）。[①] 每个辖区的总产出可以在私人物品和公共物品之间随意分配，公共物品则可以根据“私有性程度”来区分。这样，辖区的公共支出水平 G 所产生的人均服务 $g = GN^{-\alpha}$，其中 α 是公共物品私人性的程度，而 N 是辖区的人口。如果 $\alpha = 1$ 代表纯公共服务（Bewley，1981），辖区的公共开支很大部分用于提供该类服务，如教育、医疗、社会服务等。为了分析简便，进一步假设，中央政府职责仅局限于税收和对个人及地方政府的转移支付。所有家庭提供一个单位的劳动力，效用在私人物品 c 和地方公共服务上可以分离：g：u（c）+b（g）。在模型中，不存在地方公共支出的外溢性，也没有流动资本，地方公共支出 G 和税收决策既可以由中央也可由辖区自己作出。

在上述假设前提下，真正的分权决策只关乎公共支出水平 G 和居民的人均服务水平 g。辖区 i 的最优决策必须满足萨缪尔森条件（即公共物品供给的效率条件）并考虑公共支出的私人性程度，最优决策规则如下：

$$\frac{N_i b'(g_i)}{N_i^{\alpha} u'(c_i)} = 1 \qquad i = 1,\ 2 \qquad (2-1)$$

① 如果所有的工人都具有相同的生产率，鲍德威称其为同质劳动力。

但问题在于萨缪尔森条件太容易被违背，诸如辖区对非居民按照所得来源地标准征税，那么就会产生辖区间税收的外溢；地方政府对房屋租金征税，房主就会想方设法规避税收；地方政府为了吸引劳动力而采取了税收竞争措施等。如此，分权的最优决策也就不可能实现。

如果劳动力供给有差别，而政府采取的是劳工税，比如按每单位劳动生产率征税。考虑到扭曲性的财政资金来源，萨缪尔森条件必须加以修正（Boadway and Keen，1996），于是得到公式（2-2）。

$$\frac{N_i b'(g_i)}{N_i^{\alpha} u'(c_i)} = \frac{1}{1-\tau\eta} \equiv \text{公共财政资金的边际成本}^{①}\ (\text{MCPF}) \quad i=1,\ 2 \qquad (2-2)$$

其中，τ——劳工税率；

η——劳动力供给弹性。

在此财政分权就涉及一个新的问题。如果中央政府和地方政府都采取劳工税的方式为各自的支出责任筹资，那么一级政府的税率变动会对下一级政府的收入产生一种垂直的外部性。地方政府往往会低估它提高税率所产生的福利损失，从而预测的 MCPF 将比实际的要低。如此，又产生了分权决策的无效率，可能的解决途径在于：中央政府通过操纵垂直财政差距（VFG，Verticial Fiscal Gap）的大小来恢复地方政府决策的最优化。[②] 而这种操纵，一方面是税收分享的比例，另一方面就是均等化补助。

如果劳动力不同质，同样也不能保证地方预算决策的最优化。这又分为劳动力流动无成本、劳动力流动有成本和劳动力不流动三种情形。分权的最优条件见表 2-1。

① MCPE 指 Marginal Cost of Public Finance Funds。

② Boadway 和 Keen（1996）的对称性产出和 Sato（2000）的不对称产出。中央政府可以使用配套补助激励地方政府的支出（Dahlby，1996）。

表 2-1 **分权最优的条件**

	同质劳动力	异质劳动力
劳动力流动无成本	仅对居民征税	征收再分配税或比例消费税
劳动力流动成本高	仅对居民征税	分权永远不能最优
无流动，无水平公平	仅对居民征税	征收再分配税或比例消费税
无流动，有水平公平	仅对居民征税	分权永远不能最优

资料来源：Robin Boadway. 2004. *The Theory and Practice of Equalization*. CESifo Economics Studies, Vol. 50, 1/2004, p211-254.

从表2-1中不难看出，要实现分权最优所提出的条件异常困难，或者说，分权必然会带来效率损失，那么，就必须采取转移支付的形式来弥补。

2.2.1 效率弥补方式的选择

在财政分权的框架之下，从效率的前提出发，中央政府的征税权限应该大于其支出责任，而地方的征税权限应小于其课税能力。同样从效率的角度出发，当中央政府的税收收入超过其支出需求时，而地方政府的支出大于收入时，中央政府应该将部分多余的收入转移到地方政府手中。这一转移支付过程旨在使地方政府的财政状况变得更好，但是采用无条件的转移支付还是有条件的转移支付更为恰当呢？可以证明，能够实现这一目标的转移方式应该是无条件的转移支付。

这一结论可用图2-5来表示。假设A区居民就某一特定公共支出X与其他支出作出选择。当不存在补助时，该区居民在预算线CD上选择Ⅰ点的消费组合，一个数量为CF的无条件补助将预算线提高到FG，从而使无差异曲线 U_3 上的新选择位于Ⅱ点。作为一种对比，如果提供数量相当的有条件补助，补助比率应为DE/OE。在这种条件下，纳税人将在无差异曲线 U_2 上选择Ⅲ点。显然，无差异曲线 U_2 在 U_3 的下方。因此，从最大程度满足补助接受者的原则出发，无条件补助优于有条件补助。均等化补助正好属于这一类别。

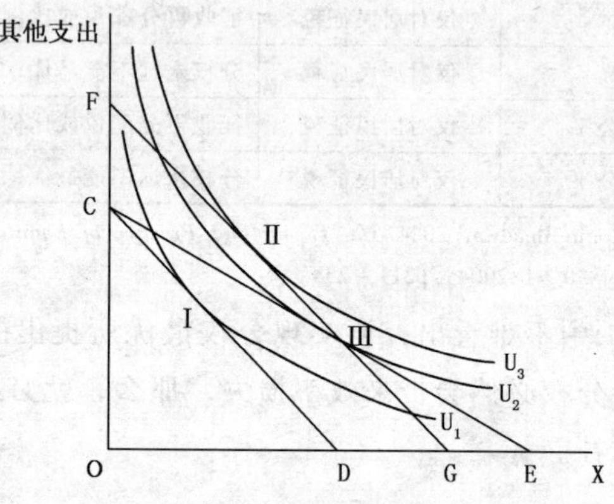

图 2－5　补助方式的选择

资料来源：［美］鲍德威、威迪逊：《公共部门经济学》，中国人民大学出版社 2000 年版，第 371 页。

2.3　小　　结

封闭经济中的私人物品可以达到效率配置的结果，但是当税收用来提供公共物品，尤其是拥挤性的混合物品时，部分的均等化将带来有效率的结果。由于现实经济中充斥着各种各样的拥挤性公共物品，那么均等化的存在是毋庸置疑的效率需求。均等化同时也可以消除财政分权所带来的效率损失，因为分权决策最优化所需要的条件往往难以达到，而分权最显著的效率损失——中央与地方政府之间的财政失衡尤其需要均等化来矫正。

各地自然资源禀赋、人均收入水平的不同可能导致可移动资源，尤其是劳动力资源在空间上的无效配置。也就是说，新居民将集中于资源富饶收入较高的辖区，分享这些资源提供的财政收益。

造成这一问题的原因是居民可以在辖区之间自由流动，并且对于绝大多数辖区而言，新居民和原有居民享有同样的财政待遇。而均等化政策不仅可消除优越的自然资源禀赋所带来的财政收益，中央政府可以将自然资源的财政收益全国化；均等化还能消除人均收入差异所带来的公共服务消费差异，中央政府可以将收入较高辖区的资金转移到收入较低的辖区，来弥补劳动力完全自由流动之下的效率损失。

地方政府具有再分配职能的行为所导致的居住地收益上的差异，不仅会带来无效率的移民，也同样会在不存在移民的条件下导致横向不公平，而辖区间的横向不公平同样会导致效率损失，克服这一缺陷的做法也可以通过一种旨在使居住地收益均等化的转移机制加以实现。因此，“同一种纠正方法既可从效率也可从公平角度加以理解。这是经济政策中的一个特例，那就是效率与公平原则同时得以满足”。①

① ［美］鲍德威、威迪逊：《公共部门经济学》，中国人民大学出版社 2000 年版，第 375 页。

第3章 均等化：公平的抉择

均等化作为实现社会公平正义的一种政策手段，自身也存在着对公平的权衡。不过与经济学中经典的公平分类——垂直公平和水平公平不同的是，均等化的公平议题放置在了区域公平和个人公平之上，或者说均等化是应该追求行政单位（如省、县等）之间的公平，还是应倾向居民个人之间的公平。如此，就形成了以不同公平为目标的两种均等化理念和模型，即“财政能力均等化”和“水平公平均等化”。本章试图归纳那些影响两种模型选择的主要因素，同时比较两种模型之下支付额度的差别，因为这直接关系到均等化制度的设计和安排。

3.1 问题的提出

财政联邦主义中所使用的均等化概念，一般有两种不同的解释。一种是传统定义，较早并广泛运用于美国、加拿大、澳大利亚、德国和瑞士等联邦制国家。所谓均等化是指以共同或平均税率水平为基础旨在实现财政业绩均等而进行的补助。以此概念建立的模型，被称为“财政能力均等化”（FCE，Fiscal Capacity Equalization），该模型强调从拥有较高人均收入和较低人均需求的辖区向拥有相反特征的辖区进行转移支付。另一种定义则重视在全国范围内广泛地应用水平公平原则，实现水平公平均等化（HEE，Horizontal Equity Equalization）。更为明确地说，政府有必要使同一联邦体制内的任何两个拥有相同福利水平的人，不论其居住在联邦内的任何地方，都可以享受到大致相同的政府服务（Buchanan，1950）。

HEE理论由“均等化之父”布坎南最早在1950年提出。在他看来，公平议题应该建立在更为基本、更被认同的水平公平原则（同等地位的人同等对待），而不是垂直公平原则（不同地位的人不同对待）之上。中央政府的收入再分配目标应该瞄准个人，并凭借地方政府之间的财政配置来追寻个人之间的公平待遇。布坎南将公平的财政待遇定义为相同所得的居民收到了相同的净财政剩余（NFR，Net Fiscal Residuum），也就是人均税收或支出收益超过个人所纳税收的那部分余额。

为此，布坎南在其最早的论文中建立了一个相当简单的模型来说明水平公平均等化（1950）。假设两个辖区 J_1 和 J_2 中各有三个居民。在辖区 J_1 中，两个高收入居民H的收入都为1000元，低收入者L为500元，而辖区 J_2 的情况相反。如果税率为10%，那么 J_1 中的人均税收和收益将是83.3元（2500×10%÷3），而 J_2 为67.7元。H在 J_1 中的净财政剩余将是-16.7元（83.3-100），而在 J_2 中的净财政剩余是-32.3元（67.7-100）。对于低收入者L，其在 J_1 中的净财政剩余将是33.3元（83.3-50），在 J_2 中的净财政剩余是17.7元（67.7-50）。显然，不管是H还是L，他们居住在有较高收入的 J_1 时财政状况会有所改进。高收入群体的净财政

剩余均衡点为 -22.2 元。[①] 为了使该群体的财政收益均等化，J_1 中的每个居民 H 必须向 J_2 中的居民 H 支付 5.5 元；同理，J_1 中的居民 L 必须向 J_2 的每个居民 L 支付 5.5 元。从 J_1 到 J_2 的转移支付总额为 22.0 元。倘若该模型中的转移支付确实能够进行，全国范围内的水平均等化目标就可以实现，而且均等待遇的道德要求也隐含其间；甚至还有效率收益，因为财政资金配置没有扭曲个人的居住选择。

追寻 HEE 的学者还有格瑞汉姆（Graham，1963，1964），他认为水平公平是联邦制国家政府间财政关系的合适目标，而 FCE 模式之下的“财政需求”概念不仅模糊而且涉及的是政治单位——地方政府，这样财政能力只能是一种关乎省或州或县的机体概念（1964）。与布坎南不同的是，格瑞汉姆认为个人的福利收益不能仅定义为收益与成本的差额，还应取决于其绝对水平。

斯科特（Scott，1964）对财政剩余的概念提出了质疑。他认为均等了个人的财政剩余并非均等了他们的效用（1964）。由支出收益减去税收负担所得到的财政剩余，可能是不同支出和税收水平的结果，具有相同收入的不同个人会对此作出不同的评价。鲍德威和弗莱特斯（Boadway，Flatters，1982）则进一步指出，即使水平均等化可行，实施个人间的均等化也是不理想的，因为这会干涉地方政府再分配标准的确定和中央政府与地方政府之间垂直公平，进而破坏联邦政府体制的本质。

众多学者对两种模型的研究让我们看到：①FCE 追寻的是“辖区间的均等”，而 HEE 的方向是“个人间的均等”。这样，FCE 所引导的均等化制度更多的是联邦政府减少富裕和贫困地区财政能力差异的主要工具；而在 HEE 下，政府必须做到其国民不论

① 该结果是根据两个在辖区 J_1 和一个在辖区 J_2 的高收入居民的净财政剩余计算得出，即 [(-16.7) ×2 + (-33.3] ÷3 =22.2（元）。

居住在哪个辖区，都可以享受到大致相同的公共服务。②FCE 涉及的是以省或州为主体的政治和行政单位，因而它是非个人主义的，不需要对个人之间的差异进行调整；而 HEE 是个人主义的，强调个人之间公共服务的均等。

3.2　FCE 和 HEE：影响因素的比较阐释

FCE 和 HEE 选择与政体结构、垂直和水平财政差距、均等化补助方式以及实践推广难度都有一定的相关性，在此我们逐一分析。

3.2.1　政体结构

在当代国家结构中，单一制和联邦制是主要的两种国家形式。在单一制国家，地方政府是由中央政府设立的非政治实体，其权力由中央政府授予，而且必须服从中央政府所代表的最高国家权力；而在联邦制国家，联邦政府是由地方政府协议建立的，各成员单位往往先于联邦政府而存在，双方权力由宪法所规定。同时，地方政府在加入联邦之时就考虑到了对国家共同责任的接受程度、自治权力范围，甚至联邦政府给予的均等化支付额度等因素，否则不予加入。

如是，单一制国家作为统一的整体，较之于联邦制国家，更易于管理，也更易于制定统一的经济政策和目标，实施统一的经济方针和战略，推行特定的经济改革和措施。具体到财政领域，单一制国家可以在全国执行相同的征税标准和税率水平，而联邦制下的地方政府拥有独立的征税权和支出权，地方政府的收支决策仅仅只考虑自身的经济条件、社会环境和居民偏好。这样，在同等税收努力之下，单一制下各地方政府的财政能力差异较之联邦制的情形要小得多；而且，联邦制之下的地方政府之间并不自动存在某种协调机制来平衡它们之间公共服务供给的能力差异。

所以，人们普遍认为在联邦制国家需要进行地方政府之间财政能力调整，并建立 FCE 模型的均等化来保证地方政府有大致均等的能力提供公共服务。而在单一制国家，对水平公平的要求比联邦制国家要直接，而且更容易实现（Musgrave，1998），进而可以在单一制国家推广 HEE 模型。学者们进而认为，在单一制国家中要求地方政府之间的水平公平是合理的，因为各地方政府由上级政府掌控。但是，这并不意味着联邦制国家的地方政府也必须遵循同样的原则。联邦之所以存在是由于地方政府作为成员单位虽然结成了某种联盟，但并不愿意变成单一制，而是希望在某些领域保持一定的独立性，包括自由安排其财政事务。单一制国家中要求同等状况同等对待的伦理前提在联邦制国家中并不能等同于地方政府之间的水平公平。

3.2.2 垂直和水平财政差距

垂直财政差距一直以来都在联邦制国家中发挥着重要的作用，它不仅可以促进税种之间的协调，使财政外部性内在化，也使得联邦政府可以有较大的空间影响地方政府行为。均等化与垂直财政差距也密切相关。在联邦制下，由于中央政府集中了大量的征税权，占据了半数以上的税收份额，其与地方政府之间就存在较大的垂直财政差距，联邦政府就必须通过转移支付体制来解决该问题。

同时，各地方政府资源禀赋的不同会导致水平财政差距的产生，地方政府很容易利用自然资源的不可移动性取得税收收入，进而为本地居民提供所需的公共服务。地方政府的历史文化背景、民族结构、税收努力程度等等都会影响到它们的财政能力，政府间的水平财政差距不可避免，贫困地区向富裕地区呼求转移支付也是自然。

在上述两种财政差距下，FCE 是必然的选择，因为它针对的是以地方政府为行政单位的转移支付，而非个人，所以也就能更好地解决政府间的财政差距问题。

3.3.3　辖区人口及其流动

如果两个辖区人均收入水平相同，人口流动导致某个辖区人口增加并且人口数量处于优势，那么居住在人数较多的辖区更有优势。因为，人口多的辖区税基较大，在收入水平一致的前提下，该辖区的税收收入和公共支出都会提高，人均享有的公共服务水平就会较高。所以，需要 FCE 模式的均等化将资金从人口密集辖区向人口稀少辖区进行转移支付。

如果人口从相对低收入的辖区流向相对高收入的辖区,[①] 人口流动将持续到某种新的均衡产生为止——相对高收入的辖区同时拥有了相对多的人口。这种人口流动产生的财政外部性比较明显。

①如果政府在原有税率基础上维持原有的总公共服务供给水平，新移民可享受到较之移出辖区更多和更高质量的公共服务，但并没有强加给移入辖区居民以征税成本，所以对移入辖区来说其税收外部效应为正。

②新移民的流入将增加公共服务设施的拥挤程度，原有居民的效益受损，税收分享额也因此减少。如果政府采取增税措施以维持原有的人均公共服务水平，新移民就给原有居民带来了额外成本。

因为政府公共服务的供给成本取决它所要服务的人口数量和公共服务设施的拥挤程度，所以，政府是否有必要采取财政干预手段取决于财政外部性的价值。布坎南、格特兹（Buchanan，Goetz，1972）认为一般情况下此值为负，所以需要政府激励来调整，那就是 HEE，旨在保证新移民进入辖区后，原有居民维持既定公共

① 两个辖区除了收入之外其他条件相同，包括人口数。

服务水平而采取的个人间调整措施。

3.3.4 转移支付补助方式

转移支付补助方式一般有两种，一种被称为一般补助，以无条件的资金拨付为特征；另一种是专项补助，资金有指定的用途。前者往往被认为旨在消除辖区间的不公平（Musgrave，1987，1998），而后者更适合消除个人间的不公平（Tobin，1970）。理论上，一些传统上以一般补助形式为主的国家，如加拿大、德国，它们的均等化就可采用了 FCE 模型；而在以专项补助为主的国家，如美国，更适合采用 HEE 模式。但在实践中并非完全如此。

联邦制国家多采用一般补助，其背景在于：联邦各州的人均收入差异太大，贫困的州不得不寻求富裕州的帮助，他们甚至把这作为加入联邦的要价。一旦联邦制国家成立，严重的地区差异被联邦政策视为既不公平也不合理，尤其是在种族和文化差异特别明显的州之间。于是，联邦政府不得不采取无条件的一般补助来“劫富济贫”。

在此需要一提的是，无论哪种补助形式针对的都是具有消费竞争性的公共物品和服务，即公共融资的私人物品或者俱乐部物品，这与传统的公共物品——即物品不具消费竞争性的概念有所不同。

3.4.5 实践推广难度

虽然 HEE 原则的阐释看似简单，但在现实中彻底的施行相当困难（Buchanan，1950）。从技术层面看，衡量每个人的净财政剩余不仅工作量大而且极其繁杂，而且净财政剩余未必能代表公平；从伦理层面看，联邦制国家中的地方政府有着保留相对独立性的意愿，包括自由安排财政事务。所以，相对而言，FCE 原则更容易贯彻和实施，如澳大利亚作为最早引入均等化制度的国家，一直遵循了 FCE 原则；加拿大以 FCE 原则为基础建立的代表税收制度是基于各省的实际财政行为来决定全国范围内的财政能力（Boadway，2004）。另外，一些学者认为，个人之间的调整根本没有必要，一方面是可行度太低，另外一方面即使可行，结果也不理想（Economic Council of Canada，1982）。所以，直到今天，HEE 模式还只能是理论上的乌托邦。

3.3 FCE 和 HEE：补助额度的比较

上述布坎南的模型一直为后来的学者所模仿和采用，在此我们以其模型为基础并参考 Peter Mieszkowski 和 Richard A. Musgrave 1999 年建立的模型，分析两种不同理念下均等化补助的差异。

3.3.1 统一比例税率之下的补助差异

假设两个辖区，J_1 和 J_2，各有居民 10 人。高收入居民 H 和低收入居民 L 可以有不同的组合，如 5 个 H 和 5 个 L，或者 6 个 H 和 4 个 L。H 的收入为 1000 元，L 的收入为 500 元。

表 3－1　　统一比例税率之下的均等化补助

情形 1—6		Ⅰ 居民组合		Ⅱ 人均税基	Ⅲ 均等化之前人均净财政剩余		Ⅳ HEE 后的人均净财政剩余		Ⅴ 均等化补助总额	
		H	L		H	L	H	L	HEE	FCE
1.	J_1	5	5	750	－25	＋25	－25	＋25	0	0
	J_2	5	5	750	－25	＋25	－25	＋25		
2.	J_1	6	4	800	－20	＋30	－24	＋24	48	50
	J_2	4	6	700	－30	＋20	－24	＋24		
3.	J_1	7	3	850	－15	＋35	－21	＋21	84	100
	J_2	3	7	650	－35	＋15	－21	＋21		

续表

情形 1—6		I 居民组合		II 人均税基	III 均等化之前人均净财政剩余		IV HEE 后的人均净财政剩余		V 均等化补助总额	
		H	L		H	L	H	L	HEE	FCE
4.	J_1	8	2	900	-10	+40	-16	+16	96	150
	J_2	2	8	600	-40	+10	-16	+16		
5.	J_1	9	1	950	-5	+45	-9	+9	72	200
	J_2	1	9	550	-45	+5	-9	+9		
6.	J_1	10	0	1000	0	0	0	0	0	250
	J_2	0	10	500	0	0	0	0		

Ⅱ = ［每位 H 的收入 × H 的人数 + 每位 L 的收入 × L 的人数］ ÷10

Ⅲ：H 的净财政剩余 = Ⅱ ×10% －1000 元 ×10%；而 L 的净财政剩余 = Ⅱ ×10% －500 元 ×10%

Ⅳ：H 均等化后的净财政剩余 = ［J_1 的Ⅲ × J_1 中 H 人数 + J_2 的Ⅲ × J_2 中 H 人数］ ÷10

L 均等化后的净财政剩余 = ［J_1 的Ⅲ × J_1 中 L 人数 + J_2 的Ⅲ × J_2 中 L 人数］ ÷10

Ⅴ：HEE 下补助总额 = J_1 中的 H 向 J_2 中的 H 支付的均等化补助 + J_1 中的 L 向 J_2 中的 L 支付的均等化补助

FCE 下的补助总额 = （J_1 的人均税基 － J_2 的人均税基） ÷2

在表 3－1 的情形 1 中，两个辖区的人均收入和税基相同。假设全国实行 10% 的统一比例税率，人均收入在两个辖区相同，从而无须 FCE 补助；同时由于并不存在横向不公平，也就不需要 HEE。

但在情形 2 中，FCE 完全有存在的必要。由于居民的流动，一个 H 居民从 J_2 迁移到 J_1，一个 L 居民从 J_1 迁移到 J_2，致使 J_1 中的人均税基增加了 50 元，而 J_2 减少了 50 元。为了保持人均收入的公平，必须从 J_1 向 J_2 转移 100 元收入。以此类推，直到情形 6 中，收入不公平被最大化，均等化补助也达到了最高的 250 元。

HEE 补助也呈正向的增长。情形 2 中，如果没有均等化，J_1 中 6 个 H 居民的净财政剩余是 －20，J_2 则为 －30。这样，高收入群体的净财政剩余均衡点位于 －24，J_1 中 6 个 H 居民向 J_2 中 4 个

H 居民转移支付 24 元（6×4），或者说使得 J_2 中 4 个 H 居民每人增加 6 元的净财政剩余。同样，另外 24 元支付额应该由 J_1 中 4 个 L 居民向 J_2 中 6 个 L 居民转移，总额为 48 元。在此后的情形中，人均收入的不均等继续加大，这就需要更多的 HEE 补助。但是随着两个辖区人员组成的差别越来越大，对 HEE 补助的需求逐渐减少，直至最后为零。

我们注意到在引进补助之前，全国范围内的再分配从情形 1 到情形 6 呈下降趋势。顺着第 I 列往下，J_2 的 L 群体增多而 H 群体减少，J_1 向 J_2 每迁移一个低收入者意味着 J_2 向 J_1 迁移了一个高收入者。这会产生三方面的效应：其一，降低 J_2 的人均收入水平相应增加 J_1 的人均收入水平。其二，降低了 J_2 的净财政剩余相应提高了 J_1 的净财政剩余。其三，在提高 J_2 的 L 居民聚居程度的同时恶化了 J_1 中 L 居民的福利，但增加了 J_2 中 L 居民的福利，两个辖区 L 居民的总福利下降。当某个 L 居民移入到 J_2 而某个 H 居民移出时，J_2 的税收收入减少了 50 元，而 J_1 的税收收入增加了 50 元。情形 1 中，L 群体总收益为 250 元，即 J_1 和 J_2 各有 125 元（5×25）的收益。而在情形 2 中，总收益下降到 240 元，即 J_1 的 120 元（4×30）加上 J_2 的 120 元（6×20）。总收益持续下降直到情形 6 中的零为止。

从第 V 列可以看出，FCE 的补助总额总是超过了 HEE 的总额。而且随着高收入居民越来越多地聚集在 J_1，这种差异越来越大，从最初的 0 到最终的 250。

3.3.2　差别比例税率之下的补助差异

现在我们试图拓宽基本模型的假设，或者说模拟出更符合现实的状态。在上述模型中，每个辖区的规模相同，各自人数为 10，但现实中各辖区的人口数变化很大。在全国总人口保持不变的前提下，如果每个辖区的规模不同，辖区之间的转移支付水平将降低；

但是我们先前的推理FCE补助总比HEE补助要多的基本结论依然能够成立。

上述模型中仅有两种收入水平的假设同样不符合现实。如果考虑更多的收入水平，人均收入水平差异和两个辖区间分配差异的强相关性将松弛，实证分析表明FCE补助仍然较大。FCE和HEE补助之间的明显差异只有在高收入群体非常集中于某个辖区时才存在。

下面我们再来考察差别比例税率条件下两种分配模式的差别（见表3-2）。如果两个辖区采用的是差别比例税率，可考虑两种情况：

表3-2　　差别比例税率之下的均等化补助

各类情形	J_1 税率	J_2 税率	HEE之后的净财政剩余		均等化补助总额	
			H	L	HEE	FCE
1	10%	10%	-24	+24	48	50
2	5%	15%	-24	+24	48	50
3	10%	15%	-26.25	+26.25	60	62.5

- 税率差别较大，如10%，但平均税率维持不变，也为10%。在此条件下，FCE和HEE的均等化补助额保持不变，或者说与统一比例税率下的补助额相同。
- 税率差别较小，但平均税率提高。如 J_1 税率为10%，J_2 税率为15%，平均税率为12.5%，或者说提高了25%。在此条件下，FCE补助与HEE补助等量增长，分别为60和62.5，增长率与平均税率增长幅度相同，都为25%。

差别比例税率之下，惟一相同的是，无论税率差别较大还是较小，HEE补助与FCE补助的比例保持不变，都是0.96。

3.3.3　累进税率下的补助差异

税率还存在累进的形式。我们在此假设500元以下（包括500

元）的收入免税，而500元以上税率提高以维持人均80元的收入水平。表3-3包含了几类情形：情形2和情形3只在一个辖区内引进了累进税率，情形4中，两个辖区都采用了累进税率。由于收入没变，FCE的补助水平没有变化，但HEE的补助水平变化相当大。因为累进税率结构将L群体的更多收入放置于免税范围之内，HEE的补助额将越来越多，FCE和HEE之间的差距也越来越大，甚至HEE补助额超过了FCE。

表3-3　　累进税率下的均等化补助

各类情形		Ⅰ 居民组合		Ⅱ 人均税基	Ⅲ 税率	Ⅳ HEE之后的人均净财政剩余		Ⅴ 均等化补助总额	
		H	L			H	L	HEE	FCE
1.	J_1	6	4	800	比例税率 10%	-24	+24	48	50
	J_2	4	6	700	比例税率 10%	-24	+24		
2.	J_1	6	4	800	累进税率	-44	+44	88	50
	J_2	4	6	700	比例税率	-44	+44		
3.	J_1	6	4	800	比例税率	-54	+54	108	50
	J_2	4	6	700	累进税率	-54	+54		
4.	J_1	6	4	800	累进税率	-74	+74	148	50
	J_2	4	6	700	累进税率	-74	+74		

3.4 案例分析

为了更好地比较FCE和HEE的效果，我们补充两个简单的案例分析，一个发生在加拿大的省与省之间，另一个则发生在美国的城市之间。①

① 参见Peter Mieszkowski Richard A. Musgrave. 1999. Federalism, Grants and Fiscal Equalization. National Tax Journal, 1999（6）。

3.4.1 加拿大的案例

以加拿大魁北克省和安大略省的详细数据为基础，[①] 我们浓缩了一个简单的分析模型。假设加拿大只有这两省，魁北克省的平均家庭收入为 39937 加元，安大略省为 48930 加元（1992 年数据），全国平均数为 45264 加元。

表 3－4 告知了我们 FCE 和 HEE 的差异。第 1 列表明了每个收入级次的平均收入水平。第 2 列是每个收入级次居民占魁北克省居民的百分比。或者说，以 100 个魁北克省居民为代表样本，各收入级次居民的比重。第 3 列是安大略省的居民百分比。安大略省人口是魁北克省的 1.453 倍，第 4 列提供了安大略省的可比样本。

表 3－4　　　　魁北克省和安大略省的均等化

平均收入（1000 加元）(1)	魁北克省人口 (2)	安大略省人口 (3)	(3) × 1.453 (4)	魁北克省补助前的 NFR (5)	安大略省补助前的 NFR (6)	HEE 后的 NFR (7)	FCE 后的 NFR (8)
6.0	9.30	5.50	7.99	3394	4293	3809	3926
12.5	11.40	9.00	13.08	2744	3643	3224	3276
17.5	7.90	7.30	10.61	2224	3143	2751	2776
22.5	8.10	7.20	10.46	1742	2643	2251	2776
27.5	7.80	6.40	9.30	1244	2143	1733	1876
32.5	7.30	5.90	8.57	744	1643	1229	1276
37.5	6.20	6.80	9.88	244	1143	706	776
42.5	6.30	5.60	8.14	－256	643	251	276
47.5	5.60	5.80	8.43	－756	143	－216	－126
52.5	5.10	5.70	8.28	－1256	－357	713	－724

① 之所以选择这两省，原因在于从加拿大有转移支付历史以来，安大略省都是最为富裕和人口最多的省份，因而也是财政资源输出的省份，而魁北克省一直以来都是接受转移支付最多的省份，这两个省份最具代表性。

续表

平均收入（1000加元）（1）	魁北克省人口（2）	安大略省人口（3）	（3）×1.453（4）	魁北克省补助前的NFR（5）	安大略省补助前的NFR（6）	HEE后的NFR（7）	FCE后的NFR（8）
57.5	4.10	5.00	7.27	-1756	-857	-1182	-1224
62.5	3.70	4.40	6.39	-2256	-1357	-1687	-1724
67.5	3.20	4.00	5.81	-2756	-1857	-2176	-2224
72.5	2.70	3.20	4.65	-3256	-2357	-2687	-2724
77.5	2.00	2.80	4.07	-3756	-2857	-3149	-3224
85.0	3.10	4.50	6.54	-4506	-3607	-3896	-3974
95.0	2.10	3.50	5.09	-5506	-4607	-4870	-4974
100+	3.9-	7.50	10.90	-8556	-11572	—	-11939
120	（3.62） 3.90	—	（4.80） 10.90	-8006	-7107	-7494	-7494
200	0.28	—	6.10	-16006	-15106	-15303	-15474

资料来源：Peter Mieszkowski 和 Richard A. Musgrave 根据《1992年加拿大以规模为基础的收入分配年报》，加拿大统计#13—207，表34计算得出。

然后我们计算每个收入级次的净财政剩余。我们假设两省都开征10%的比例税，人均收益等于人均收入的10%，然后在居民间平均地分配。魁北克省和安大略省在接受补助前的财政剩余分别在第5列和第6列。HEE和FCE的净财政剩余分别在第7列和第8列。在加拿大全国平均收入为45264加元的前提下，居民间的均等分配使得人均收益达到了4526加元。收入为6000加元的家庭缴纳了600加元的税收得到了4526加元的收益，净财政剩余为3962加元。最后，我们计算了FCE和HEE下的补助总额，HEE为51713加元，FCE为53270加元。

比较第7列和第8列的数据，我们发现补助总额虽然不同，但差距不大，FCE大概多3%左右，布坎南最初的假设再次成立。当然我们的假设税率为10%，与魁北克省实际的24.6%和安大略省实际的18.4%不同，但统一比例税率的假设更具有公平的相似性。

如果再比较第7列和第5列，很明显，魁北克省的居民都能从HEE中受益；但比较第7列和第6列，安大略省的所有居民则有所损失。同时，随着收入级次的提高，魁北克省居民的收益随之下降而安大略省居民的损失提高。那么，正是这种省与省之间的分配使得均等化得以实现。

3.4.2 美国的案例

其实省以下或更低级次的政府之间也同样面临转移支付问题，以下就分析了美国的两大城市芝加哥和底特律的高收入城郊与低收入城中心之间的转移支付。表3－5和表3－6比较了HEE和FCE之下的均等化补助水平。

案例中的居民分为了两类，一类是城市近郊居民，一类是城市中心居民。为了便于计算，假设税率为10%。在表3－5的芝加哥案例中，HEE和FCE的补助额分别是8.08亿美元和10.11亿美元。FCE超过HEE近25%。在表3－6中，HEE和FCE的补助额分别是4.96亿美元和6.21亿美元，同样FCE超过HEE近25%。FCE补助额在此比加拿大高得多，反映了城郊分层的巨大程度，但比上述表3－1中的极端情形还是小得多。

表3－5　　芝加哥城郊与市中心之间的转移支付

组群	每个家庭的平均收入（美元）	家庭数目	每个家庭的HEE补助额（美元）	补助总额（百万美元）
1	4000	108634	284	30.85
2	7500	104202	445	46.44
3	12500	90406	553	50.00
4	20000	183624	664	121.93
5	30000	157138	829	130.27

续表

组群	每个家庭的平均收入（美元）	家庭数目	每个家庭的 HEE 补助额（美元）	补助总额（百万美元）
6	42500	169045	986	166.68
7	62500	130806	1294	169.26
8	87500	41181	1203	49.54
9	147994	35875	1209	43.37
总额		1020911		808.34

数据来源：美国统计局数据—Census Tacs and Block Numbering Areas for 1990，Tables 19 for Chicago and Detroit Primary Metropolitan Statistical Areas，Washington D. C. 1993。美国统计局将家庭根据收入分为了 9 个级别，最低为 5000 美元以下（第 1 级），最高是 100000 美元及以上（第 9 级）。

表 3－6　　底特律城郊与市中心之间的转移支付

组群	每个家庭的平均收入（美元）	家庭数目	每个家庭的 HEE 补助额（美元）	补助总额（百万美元）
1	4000	60104	696	42.83
2	7500	60692	985	59.78
3	12500	40846	1197	48.89
4	20000	61515	1386	85.26
5	30000	48501	1552	75.27
6	42500	50922	1709	87.03
7	62500	36093	2006	72.40
8	87500	10524	2412	25.38
9	110994	4660	0 *	0 *
总额		373857		496.85

数据来源：［美］统计局数据—Census Tacs and Block Numbering Areas for 1990，Tables 19 for Chicago and Detroit Primary Metropolitan Statistical Areas，Washington D. C 1993。

3.5 小　结

上述分析表明，个人间的水平公平均等化原则为转移支付制度的设计提供了有意义的理论基础，而地区间财政能力均等化模式则反映了被广泛接受的财政联邦主义的传统概念。实际上，两者并不是完全对立的。以一个联邦国家为例，当联邦组成后，作为各地区居民的个人将决定联邦的形式，即联邦和地方成员政府应履行什么职能。作为地方政府居民进行选举时，他们将制定本地区的政策；而当作为联邦公民进行选举时，他们制定的是联邦政策。此外，个人作为地方政府成员分组时，可能还对联邦政策的制定具有话语权。在整个过程中，选择的作出和投票都是由个人进行的，但结果则是由各地方政府的主流观点决定的。个人则具有部分利益，包括一般水平的公共服务供给以及如何为其融资。群体的选择和对群体利益的分享发挥了主要作用，但也不否定个人作为满足的最终主体所发挥的作用。相反，它反映的基本事实是，居住在一个组织紧密而民主的社会中的个人，作为群体而不是孤立地发挥作用。群体身份可以采用多种形式，包括收入水平、性别、民族、语言和宗教等。个人间的连结方式决定了他们的选择和决定，但经历愉悦和痛苦的是个人，而不是群体。

实证研究的结果显示，在采用比例税率的情况下，FCE 和 HEE 的补助总额差别不大；只有当地区间人均收入和人口分布存在较大差别时，FCE 和 HEE 的补助总量才有显著区别。此外，不同的比例税率对结果影响不大，累进税率对 FCE 和 HEE 的影响显著。值得注意的是，尽管 FCE 和 HEE 的补助总额十分近似，但为实施某项具体计划（如高速公路或教育）而进行的财政能力均等化也将不同于等量的水平公平均等化。因此，区别两种方法的内在差异及各自在财政分权中的作用十分重要。

采用 HEE 可能会忽视地方政府的不同偏好，以及地方政府在需求、成本和增收能力等方面的差异，而且实践推广颇具难度。而通过 FCE 弥补垂直或水平财政差距尽管可能会导致一定的效率损失，但从机会公平的角度（尤其是在基础教育、基本卫生保健在内的基本公共服务的提供与分享方面）来看，FCE 仍具有优势，国际经验也充分告知了我们这一点。

第 4 章
均等化：度量的议题

要进行均等化的实践，首先必须对其进行度量。度量可以帮助我们观察均等的发展趋势，并帮助判断问题的严重程度，在此基础上，再来找出导致不均等的决定因素，同时量化各个因素对总的不均等的贡献程度，如此，政府才能通过转移支付等政策手段来控制这些因素。均等或不均等是相较或相对于绝对平均分配而言，如果每个人都拥有或得到相同数量的资源、产出或者其他东西，则不均等为零。度量的关键又在于指标的遴选，因为这关系到实证分析的结果：是否真实？是否可靠？是否充分说明了现实或者与现实相吻合。本章即对不均等度量的两大指标——绝对指标和相对指标进行剖析。

4.1　度量的绝对指标

绝对指标的特征在于有量纲，也就是说，它们大小与度量单位有关。目前在国内考察基本公共服务均等与否比较常见的指标有：

人均 GDP、人均财政收入或者可支配财力、基本公共服务经费等指标，研究者往往还会在这些指标的基础上进行方差、收入差的计算来判断均等程度。

4.1.1　人均 GDP 指标

以人均 GDP 为指标的度量，它直接反映的是各区域、各省和城乡之间的经济发展差距，间接反映的是基于经济发展基础而可能产生的基本公共服务供给的差距。一般的规律是人均 GDP 越高的地区或者省份，社会福利程度就高，其基本公共服务水平相对较高。

但是，单纯地采用人均 GDP，并不能完全反映社会福利和基本公共服务水平。比如，20 世纪南美洲一些国家，虽然人均 GDP 超过了 3000 美元，但却出现了“拉美陷阱”，一方面是经济的快速增长，另一方面人民福利水平并没有得到提高，基本公共服务没有得到发展。

于是，一些学者结合采用人均 GDP 差异系数这个相对指标来说明区域内部的差异程度，如宋健敏、邬媛媛（2006），该系数是一地区人均 GDP 标准差与其均值之比，用公式表示如下：

$$VC = \sqrt{\frac{1}{n}\sum_{i=1}^{n}(X_i - \overline{X})^2 / \overline{X}}$$

其中，X_i——i 省人均 GDP。

采用该系数之后，我们从表 4－1 中可以看出，人均 GDP 差异系数最大的是东部，这与最大值比最小值的计算结果相吻合，或者说东部地区的内在差异比中部和西部更大，中部是内在差异最小的区域。

4.1.2　人均财政收入指标

常见的财政度量方法，主要使用某区域、某省的财政收入总额或者人均财政收入作为衡量依据，通过区域、省际、城乡之间的比

表 4－1　　2004 年我国三大区域人均 GDP 差异状况

区域	样本个数	最小值	最大值	均值	最大值—最小值	最大值/最小值	标准差	人均 GDP 差异系数
东部	12	7196.00	55307.00	22356.08	48111.00	7.69	13405.49	59.96%
中部	9	7768.00	13897.00	10036.44	6129.00	1.79	1872.20	18.65%
西部	10	4215.00	11199.00	7786.00	6984.00	2.66	1912.42	24.56%

资料来源：《2005 中国区域统计年鉴》。

较来说明财政资源配置的不均等。

同 GDP 指标一样，学者们现在很少使用单纯的绝对数额来说明地区差距，而是配合了变异系数和极差等相对指标来更深入地了解不均等状况。变异系数通过用样本标准差除以样本平均数后得到，该指标是对标准差的改进。表 4－2 显示了变异系数的测算结果。

表 4－2　　省（市）、县人均财政状况的区域差距（2002）

	变异系数Ⅰ			变异系数Ⅱ	
	人均财政总收入	人均地方一般预算收入		人均财政总收入	人均地方一般预算收入
全国省际	1.0414	1.0918	全国县际	0.7627	1.0603
东中部省际	1.2794	1.2799	东中部县际	0.6962	0.9946
东西部省际	1.1612	1.3146	东西部县际	0.7727	1.1288
中西部省际	0.3472	0.2394	中西部县际	0.7574	0.9629
	极差Ⅰ			极差Ⅱ	
	人均财政总收入	人均地方一般预算收入		人均财政总收入	人均地方一般预算收入
全国省际	12.98	14.63	全国县际	119.99	201.90
东中部省际	13.31	15.68	东中部县际	37.24	91.85
东西部省际	12.28	21.82	东西部县际	119.99	201.90
中西部省际	3.01	2.60	中西部县际	119.99	201.90

资料来源：朱钢、贾康：《中国农村财政理论与实践》，山西经济出版社 2006 年版，第 29 页。

通过变异系数的引入，我们发现，以省为单位计算的省级人均财政总收入最低与最高之间相差 13 倍，而地方财政一般预算收入最高与最低则相差 15 倍。但是以县为单位计算的县级人均财政收入和人均地方一般预算收入最高与最低分别相差 120 倍和 202 倍，差距巨大。那么，基于财政收入的基本公共服务供给当然差别巨大，不均等的状况也就不容乐观。

但是，人均财政收入并非各区域、各省（市）最为真实的财政状况，因为还有政府间的转移支付资金尚未考虑在内。所以，近些年来，学者们如倪红日（2006）更偏好使用可支配财力这一指标，即包括转移支付后的财政状况；或者考虑地区和省的人口之后，采用人均可支配财力指标。可支配财力有两个口径，一个口径较窄，只包括一部分中央转移支付，而不是全部，包括的这一部分是：一般预算 + 上划中央两税返还 + 所得税基数返还补助 + 原体制补助 + 一般性转移支付补助 - 原体制上解。另一个口径较宽，可支配财力包括一般预算和中央补助收入，即中央转移支付基本上全部计算在内。

4.1.3　基本公共服务各项经费指标

基本公共服务经费指标是最能直接反映各项基本公共服务是否均等的绝对指标。以基础教育为例，一般包括生均小学（初中）教育经费支出、生均小学（初中）预算内教育经费支出等。表 4－3列出了 2004 年全国各省（区、市）的教育经费支出情况。

表 4－3　分省（区、市）地方普通小学、农村普通小学生均预算内教育经费支出（2004）　单位：元

省（市、区）	普通小学生均经费支出	农村普通小学生均经费支出	省（市、区）	普通小学生均经费支出	农村普通小学生均经费支出
北京	4291.84	4542.55	湖北	847.11	769.10
天津	2929.53	2093.74	湖南	1087.82	1040.66

续表

省（市、区）	普通小学生均经费支出	农村普通小学生均经费支出	省（市、区）	普通小学生均经费支出	农村普通小学生均经费支出
河北	1110.22	1053.69	广东	1375.13	1065.72
山西	956.36	979.92	广西	930.41	825.79
内蒙古	1634.29	1860.46	海南	1043.09	1010.32
辽宁	1455.07	1404.65	重庆	764.15	708.53
吉林	1359.34	1418.33	四川	772.83	737.12
黑龙江	1882.94	1945.91	贵州	720.99	670.08
上海	6732.55	5924.84	云南	1212.51	1207.05
江苏	1651.09	1470.16	西藏	2728.56	2519.44
浙江	2268.10	2212.26	陕西	858.77	830.35
安徽	851.95	811.51	甘肃	882.67	830.10
福建	1361.71	1268.38	青海	1533.21	1543.68
江西	872.23	881.84	宁夏	963.46	944.99
山东	1163.19	1113.58	新疆	1540.28	1483.56
河南	662.52	619.97			

资料来源：《中国教育经费统计年鉴 2005》。

通过小学生均预算内教育经费支出的对比，我们不难发现省与省之间不均等的存在。这种不均等同样也存在其他公共服务领域，如表 4－4 所示。

表 4－4　　　　城乡的基本公共服务水平差距

	城　市	农　村	比　值
小学生均事业性教育经费（2005）	1506.63 元	1287.55 元	1.17:1
人均卫生费用（2006）	1122.8 元	318.5 元	3.53:1
养老保险（2006）	18766.3 万人	5737.7 万人	3.27:1

资料来源：《中国教育经费统计年鉴 2006》《中国卫生统计年鉴 2007》《中国人口和计划生育年鉴 2007》。

如果结合 GDP 和财力指标，我们也能够证实这样的一个大致规律：经济越发达、财政能力越强的省份能够投入到基本公共服务的经费就越充足、越充沛。当然也有例外，比如某个省的财政能力与其基本公共服务的投入并不匹配，原因可能有二：其一，基于该省的财政能力应有更多的基本公共服务投入，但由于对基本公共服务供给的忽视，造成了这样的缺口；其二，基于该省的财政能力不可能有如此多的基本公共服务投入，但由于中央政府的转移支付以及地方政府的重视，导致了经费投入的增加。

4.2　度量的相对指标

相对指标，则通过两个有联系的统计指标对比而得到。常见的相对指标有基尼系数（Gini Coeffient）、阿特金森指数（Atkinson Index）、广义熵指数（GE，General Entropy Index）即泰尔（Theil Index）指数和亨特系数（Hunter's Coefficient）。

4.2.1　基尼系数

衡量不均等（平等）最常用的方法是洛伦茨曲线（Lorenz Curve），它所使用最为广泛的领域是对收入的平均分配进行分析。如图 4－1 中所描绘的英国 1978—1979 年的洛伦茨曲线。家庭按收入排列，横轴表示百分比人口，纵轴表示个人收入总额百分比。洛伦茨曲线表示不同人口百分比拥有的收入占总收入百分比。当整个社会总收入为一个人所拥有而其他人却没有收入时，洛伦茨曲线就会变成两条轴线；而当收入平均分配时，洛伦茨曲线就是一条与横轴成 45°的直线。因此当洛伦茨曲线越接近这条 45°的绝对平均线时，收入越是平等分配。当然，这种收入的均等分析也可拓展到基本公共服务供给的领域。

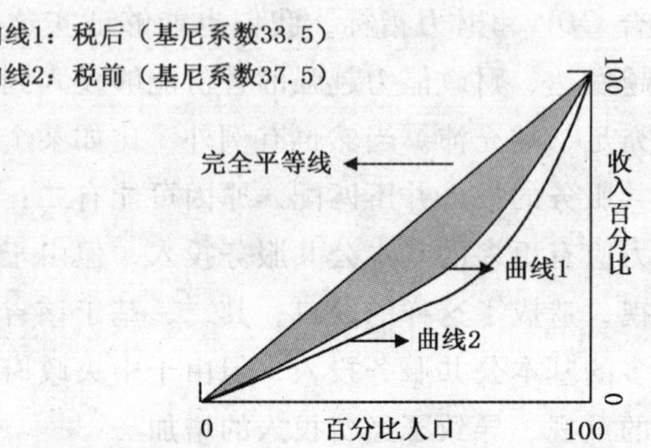

图 4－1　洛伦茨曲线和基尼系数

资料来源：［英国］《经济趋势》1981 年第 2 期。

严格地说，不均等的分析最好是借用洛伦茨曲线。在比较不同地区或不同年份的收入差距时，我们应该比较与之对应的洛伦茨曲线，然后判断不均等的变化趋势。用洛伦茨曲线的优势在于用它分析不均等非常的直观而且比较符合现实。但它的应用有两个问题。第一，当洛伦茨曲线交叉时，我们无法判断哪条线代表的收入分配更加不均等。在文献中，人们往往通过引进一系列理论假设，然后再来比较交叉的洛伦茨曲线。这方面的文献通常被称为随机占优分析（Stochastic Dominance Analysis）。第二，这种直观的方法不够简洁，如果我们需要分析很多年份或者很多地区的不均等，洛伦茨图形可能由于曲线堆积得太多而无法辨认。

由洛伦茨曲线派生的衡量不均等的指标，是基尼系数，即图中的阴影部分面积占绝对平均线之下的总面积的比率。理论上，基尼系数可以在 0（绝对均等）到 1（绝对不均等）之间变动。图 4－1 中税前收入的基尼系数是 0. 375，而税后收入的基尼系数是 0. 335。基尼系数对衡量不均等来说并不是一个完美的指标。这一点我们可以在图 4－2 中看到。两条洛伦茨曲线代表不同的收入分配，但它们的基尼系数却是一样的，英国 1949 年和 1984—1985 年的收入分配证实了这一点：不同的收入分配却有同样的基尼系数（0.41）。

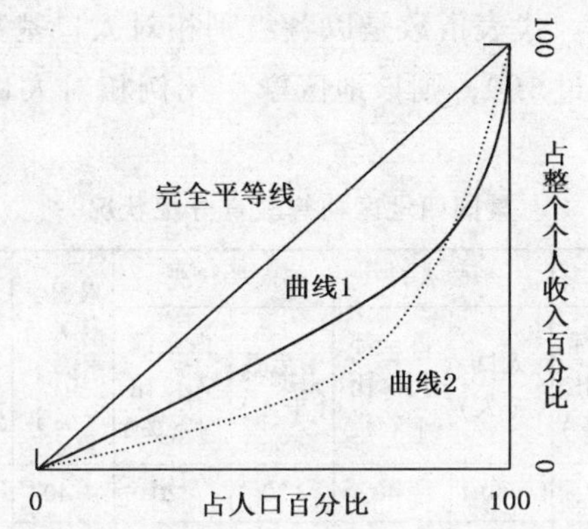

图 4－2　同一基尼系数的假定收入分布状态图

资料来源：［英国］《皇家委员会关于收入和福利分布报告》第 1 期。

在我国，基尼系数是用得比较多的一个指标，它有不同的算法。其广泛应用离不开它的四个特性：其一，它最古老也最为流行；其次，它介于 0 和 1 之间，其他指数则取决于样本的数据会处于不同的区间；第三，它具备相对指标所有的特性；第四，它本身是具备含义的，而其他常用的相对指标只是一个刻度，具体的数值没有实质含义。但是基尼系数除了上述缺陷之外，还有两个不足。首先是它对特别富裕阶层的收入观察值比较敏感，如果样本中最富裕组群收入数据误差较大（这种情况往往发生），那么基尼系数的估算值就很不可靠；其次，基尼系数用于不均等分解时会有问题。在 20 世纪 70 年代中期之前无法进行分解，目前的分解方法也不是很完善。

在具体的基本公共服务领域内采用洛伦茨曲线，还必须与其他指标相结合。若以基础教育为例，洛伦茨曲线往往会结合代表指数来测量均等程度。代表指数（Representative Index）是各地区学生数占全部学生数的比例除以该地区学龄人口占全部学龄人口的比例的商的百分数字。例如，表 4－5 中的 C 地区，学生数占四地区学生数的 20%，而学龄儿童占 40%，其代表指数就是 50（20% ÷ 40% ×100 =50）。代表指数是以各组别相对人口基数为基础加以衡量的，若数值超过 100，则该地区学生比例相对人口比例较高，反之亦然。

表 4－5　　　　某国四地区初等教育分配状况

地区	人口		学龄人口		入学状况		累积学龄人口比例（%）	累积学生比例（%）	入学率（%）	代表指数
	数量（千人）	占全部人口比例（%）	人口（千人）	占全部人口比例（%）	学生数（千人）	占全部人口比例（%）				
C	400.0	33.8	80	40	20	20	40	20	25	50
A	111.1	9.4	20	10	10	10	50	30	50	100
B	312.5	26.5	50	25	30	30	75	60	60	120
D	357.1	30.2	50	25	40	40	100	100	80	160
总计	1180.7	100	200	100	100	100				
平均									50	100
基尼系数	0.245									

资料来源：王莹：《教育中的政府干预》，中国财政经济出版社 2002 年版，第 52 页。

是否代表指数越高，就意味着该地区的基础教育机会更加普及，基础教育服务的分配更为均等呢？不尽如此。上述仅是对基础教育资源中的学生数的地区分布状况加以描述。如果考虑其他因素，则代表指数可能完全不同。例如，如果考察四地区的基础教育生均经费，考察教育设备的分布情况，则原代表指数较高的地区由于生均经费较低或者学校班级拥挤条件简陋，而使得以生均经费或设备衡量的代表指数低，反而处于相对不利地位（见图 4－3）。

将洛伦茨曲线和基尼系数概念用于基本公共服务，可以测定不同地区或不同家庭所得的单位接受基本公共服务均等与否的程度。不过这种计算方法只适用于可以依价值高低区分相同等份的社会或组织单位，如果任何后天安排而成的单位不可区分成为相同等份，则不可使用此法。

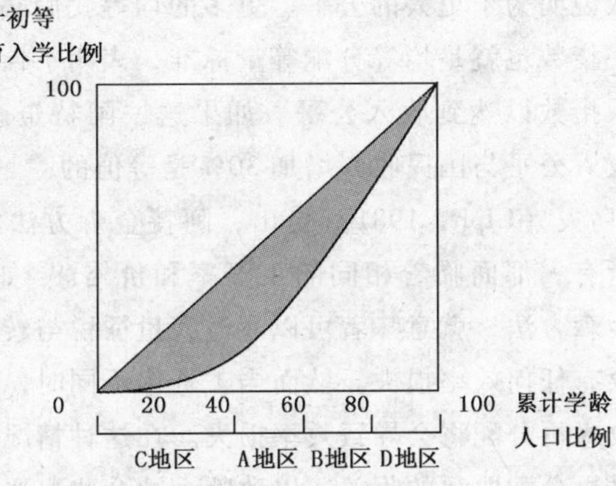

图 4－3　某国四地区初等教育分配的洛伦茨曲线

4.2.2　阿特金森指数

由于基尼系数只是一个确定收入分配是否平等或均等的统计指标，因而不能用于比较不同收入者之间不同分配的不平等情况。阿特金森构建一种衡量方法，称之为均等分配等量标准，以比较这些分配。①

阿特金森分两步推导。他首先计算 E。E 指的是当转移一单位货币给收入一半的人时，社会愿意承担的损失。较低的 E 意味着与较低的不公平相关联。比如，如果 E 为 1，则我们从富人取走的 1 单位货币可以给予穷人 0.5 单位；而 E 为 2 时，则我们从富人处取走的 1 单位货币只能给予穷人 0.25 单位。阿特金森（1970）由此得出他的指数。该指数可表示为：

① A. B. Atkinson. 1980. *On the measurement of inequality*, in A B Atkinson (ed.), Wealth, Income and Inequality, 2nd, Oxford University Press, Oxford.

$$\text{Atkinson} = 1 - \prod_j \left(\frac{Z_j}{\mu}\right)^{f_j}$$

该系数说明为了更大的公平、更多的均等我们必须牺牲多少总收入，这一指数也就是均等分配等量标准，表明了社会愿意付出多大的总收入指数以达到收入公平。如果这一阿特金森标准是 0.3，它意味着收入公平与国民收入增加 30% 是等值的。

D. T. 乌夫（Ulph，1981）指出，阿特金森方法隐含着这样一个假设：所有人都面临着相同的工资率和价格。① 如果假设成立，运用阿特金森方法，就意味着可以通过大量征税与转移支付进行再分配，而没有任何效率损失。然而当工资率不同时，通过征收所得税以进行收入再分配将会导致效率损失。在这种情况下，效率损失可能会超过再分配取得的收益，以致整个社会状况恶化。

近年来人们发现，如 Shorrocks 和 Slottje（2002），阿特金森指数和泰尔指数存在一一对应的单调转换关系，所以在使用 GE 指数后就没有必要再考虑阿特金森指数了，以下我们就探讨 GE 指数。

4.2.3 广义熵指数

广义熵指数，也称为泰尔指数，该指标前些年在国内较少使用，但这个指标非常重要。如果用 Z_j 代表收入观察值，μ 代表平均收入，N 代表样本体积，f_j 代表人口比例，该指数的表达式为：

$$GE = \frac{1}{a(1-a)} \sum_j f_j \left[1 - \left(\frac{Z_j}{\mu}\right)^a\right]$$

在上式中，a 为一常数，代表厌恶不均等的程度。a 值越小，它所代表的厌恶程度越高。取 a = 0，我们得到所谓的平均对数离差，又成为泰尔第二指数 T_0，也称为泰尔 - L 指数。

---

① D. T. Ulph. 1981. *Labor supply, taxation and the measurement of inequality*. in C. V. Brown（ed），Taxation and Labor Supply，Allen and Unwin，London.

$$T_0 = \sum_j f_j \ln \frac{\mu}{Z_j}$$

取 a = 1，我们得到所谓的泰尔指数，又叫泰尔第一指数 T_1，也称为泰尔 - T 指数。

$$T_1 = \sum_j f_j \frac{Z_j}{\mu} \ln \frac{Z_j}{\mu}$$

当 a = 2 时，一般熵指数就等价于统计中常用的变异系数平方的 1/2。显然，选用变异系数，而非 T_0 或 T_1 来度量不均等意味着我们对收入差异或服务差异持更加接纳的态度。

用泰尔指数来衡量不均等的一个最大优点是，它可以衡量组内差距和组间差距对总差距的贡献。具体到基本公共服务领域，我们可以分解省内、省际、区域内、区域间甚至城乡的不均等。王蓉（2003）所做的研究可以清楚地表明这一点，如表 4 - 6 所示。

表 4 - 6　　1999 年教育支出和地方财力省内、省际及总体泰尔指数分析

指　标	泰尔指数			省际不均等的贡献（%）	省内不均等的贡献（%）
	总体不均等	省内不均等	省际不均等		
教育支出指标					
小学生均教育事业性经费支出	0.261	0.174	0.087	33.250	66.750
小学生均预算内教育事业性经费支出	0.271	0.175	0.096	35.384	64.616
小学生均预算外教育事业性经费支出	0.411	0.273	0.138	33.625	66.375
初中生均教育事业性经费支出	0.235	0.164	0.071	30.273	69.727
初中生均预算内教育事业性经费支出	0.226	0.158	0.068	30.129	69.871
初中生均预算外教育事业性经费支出	0.392	0.269	0.124	31.528	68.472

续表

指　标	泰尔指数			省际不均等的贡献（%）	省内不均等的贡献（%）
	总体不均等	省内不均等	省际不均等		
地方财力指标					
人均财政收入	0.263	0.143	0.120	45.512	54.488
人均地方本年财政收入	0.360	0.234	0.125	34.836	65.164
人均财政支出	0.220	0.116	0.104	47.289	52.711

数据来源：王蓉："我国义务教育经费的地区性差异研究"，《为教育提供充足的资源》，人民教育出版社 2003 年版，第 332 页。

4.2.4　亨特系数

在财政领域衡量垂直财政差距，也被称为纵向财政不平衡，还可以通过亨特系数（1977）来衡量。该系数可以通过各级政府的支出责任与财政收入之间的对比关系来比较垂直不均等的状况。系数的公式如下：

$$系数_1 = 1 - \frac{收入分享 + 均等化和其他转移支付}{总支出}$$

$$系数_2 = 1 - \frac{均等化和其他转移支付}{总支出}$$

系数可以在 0 和 1 之间变动。如果系数$_1$ 越接近 0 表明垂直不均等越严重，因为地方政府总支出必须绝大部分依赖于外来的转移支付；如果系数$_2$ 越接近 0 表明地方政府对中央转移支付的依赖度越高。表 4-7 罗列了一些转型国家的亨特系数，从中可以判定各国垂直不均等的状况。

表 4-7　　亨特系数的国际比较（20 世纪 90 年代）

国　家	系数$_1$	系数$_2$
俄罗斯	0.270	0.841
比利时	0.156	0.512

续表

国　　家	系数$_1$	系数$_2$
丹麦	0. 172	0. 611
爱沙尼亚	0. 088	0. 686
芬兰	0. 191	0. 654
德国	0. 244	0. 794
拉脱维亚	0. 069	0. 491
立陶宛	0. 111	0. 869
荷兰	0. 288	0. 345

资料来源：Martinez - Vazquez and Boex 2001.

4.3　小　　结

如果单纯用绝对指标衡量不均等，经济增长总是意味着不均等的上升。举例来说，缘于经济增长，最富裕省份的财政收入增加了10%（从 3000 亿元增加到 3300 亿元），同时，最贫困省份的财政收入增加了 15%（从 300 亿元增加到 345 亿元）。应该说，这样的经济增长带来的是不均等的下降，但用财政收入差表示的不均等却从 2700 亿元增加到了 2955 亿元。绝对指标的另一个缺陷是，当我们改变度量单位时，尽管资源分配结果没有任何变化，它们给出的不均等也会变化。比如，将上述的单位从元改为分时，其方差就会增加 10000 倍。另外，绝对指标受价格水平波动的影响比较大，而且在不同经济体之间缺乏可比性。正是由于这些原因，国外很少有人使用绝对指标（万广华，2006）。相对指标则克服了绝对指标的缺点，使得经济体在不同的发展阶段具有可比性。也正是因为这一优点，在研究不均等问题时被广泛的采用。在研究当中，相对指标往往会同时使用，结果相似，但有时并无此必要。图 4 -4 就是用多种相对指标衡量的不均等。

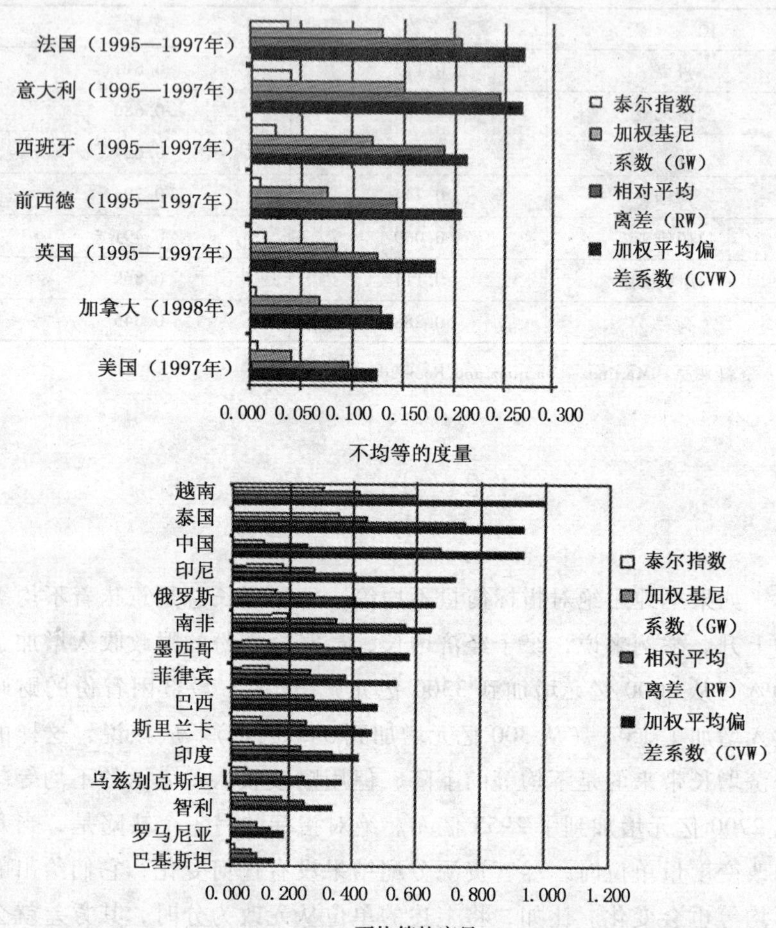

图 4-4　工业化国家和发展中国家的不均等

资料来源：沙安文、沈春丽：《地方政府与地方财政建设》，中信出版社 2005 年版，第 220—221 页。

一个好的相对指标需要具备以下一些性质（万广华，2006）。第一，匿名性或无名性（Anonymity），即度量结果只和观察数值相关，而和观测对象的地位和身份没有任何关系。比如，数据样本中有收入不同的一组人，倘若用这些人的收入作为观察值来度量收入的不平等，对调任意两个人，指标值应保持不变。第二，齐次性（Homogeneity），即度量衡单位变化时，指标值结果不受影响。在很多国家，财政收入是用亿元作为衡量单位的，把它换作百万元或者千万元，用一个好的不均等指标计算出来的结果应该是一样的。换句话说，将所有观察值同乘或同除一个常数，不均等的值应保持不变。但如果同加或同减一个正数，不均等的值应该下降或上升。第三，总体独立（Population Independence），即样本的体系大小不影响度量结果。如果一个大的国家，例如我国有近 14 亿人口和一个小的只有几十万人口的国家，只要收入分配状况一样，同时数据样本具有代表性，不均等指标给出的值应该是一样的。第四，转移性原则（Transfer Principle），即给定一个样本或一组省份，如果从富裕省份的财政收入中拿出一部分转移给贫困省份，那么财政收入的不均等程度应该下降。这看起来很简单，但有的指标并不能满足这个要求。第五，强洛伦茨一致性（Strongly Lorenz - consistent），即要和洛伦茨曲线有一致性。假设有两条洛伦茨曲线 A 和 B，当这两条曲线重合时，它们所代表的不均等相同；当 A 完全在 B 的右下方时，A 的不均等程度更高。一个好的相对指标应该能够准确地描述这些关系。

第 5 章 均等化：制度设计要素

如果说均等化的度量是均等化研究的起点，那么均等化的制度设计就是整个均等化制度的核心。无论各国的均等程度如何，在设计均等化制度的时候，都需要政府决定哪些辖区“需要”补助及需要的数量。而确定需要方和需要量，一般会考虑两个要素：一种是补偿需求缺口（即需求要素），一种是补偿应税资源的差异（即资源要素）。[①] 这两个因素各国的处理相当不同：或在整个均等化制度中被同时予以考虑，或只考虑其中一个，或在中央对省或州的均等化补助中考虑资源要素，而在省或州对地方的均等化补助中采用需求要素。但是，无论从理论还是实践的角度，同时将应税资源和支出需求作为制度设计要素，这种综合模式一直为国际组织所推荐（IMF，2003）。

---

① ［英］C. V. 布朗、P. M. 杰克逊：《公共部门经济学》，中国人民大学出版社 2000 年版，第 227 页。

5.1　应税资源要素

应税资源，往往通过某地区的财政能力（Fiscal Capacity）来表示。财政能力可以定义为地方政府为了提供标准化的公共物品和服务而从自有资源中筹集收入的潜在能力（Martinez－Vazquez，1997）。财政能力不同于财政收入，它们之间差异的主要原因可能是：两个财政能力相同的地区由于税率不同，财政收入将不同；两个财政能力相同的地区由于征税努力程度不同，财政收入也将不同；两个财政能力相同的地区由于纳税人的遵从程度不同，财政收入将不同。所以，税率、征税努力、纳税人遵从等因素都将影响到实际的财政收入，但财政能力不受任何影响。

另外，还有必要区分一下财政能力与财政努力（Fiscal Effort）。财政努力可以被定义为政府对其税基的利用程度。财政努力通常用实际征得的财政收入与财政能力之比来衡量。财政努力与财政能力的关联度表现在：

- 财政努力程度决定了实际财政收入与财政能力之间的差距，因为地方政府实际筹集的财政收入与其筹集财政收入的能力是两个完全不同的概念。
- 财政努力也是影响均等化资金分配的一个因素，即资金可以按照各个地方政府的相对财政努力水平来分配。那些努力筹集收入但是仍然不能提供某种水平公共服务的地区更应该得到补助。另一方面，简单地按照财政努力来分配资金可能导致资金的滥用，因为较高水平的财政努力仅仅意味着对公共物品的需求水平较高。所以，从决策者的视野来看，最好是采取中性政策，既不鼓励也不打击财政努力。
- 对财政努力的全面理解有助于我们拣选财政能力的衡量方

法。如果中央政府选择用实际财政收入来衡量财政能力，并借此分配均等化补助，这就会激励地方政府减少自有收入的筹集。很明显，地方政府这种减少税收的做法可以取悦投票人，同时财政差距又可通过中央政府的转移支付来弥补，何乐而不为呢？

财政能力和财政努力的衡量对于均等化制度的设计至关重要。上文已经提到，财政努力是实际财政收入与财政能力的比例，所以，我们可以将讨论的焦点放在财政能力的衡量上。衡量地方政府的财政能力有许多方法，① 最为普遍的是宏观指标法和代表税制法（Shah，2007）。

5.1.1 宏观指标法

各种所得和产出的测量方法都可以作为衡量地方政府财政能力或居民负税能力的指标，较为广泛采用的指标有地区总产值（GRP）、应税总资源（TTR）、实际财政收入和人均个人所得。

（1）地区总产值（GRP）

地区总产值（GRP）相当于某个地区的国民生产总值（GDP），即一定时期内某地区的经济资源（土地、劳力和资本）所生产的商品和劳务的总价值。由于某地区生产的商品和劳务总价值等于经济资源所有者获得的所得，GRP 就代表了纳入地方政府征税对象的所得总量。实践中，GRP 将包括大量的地区居民个人所得，也包括部分的非居民所得，比如旅游者住宿和购物的消费。

作为衡量财政能力的指标，GRP 的缺陷在于其衡量是单向的。尽管理论上不同的税基应适用不同的税率，但由于 GRP 永远只是所有经济资源增值额的加总，因而只能采用单一税率。另外，各国的税制结构也会影响其衡量效果。比如，公司所得税如果按照公司

① 有关这些方法的更多讨论可见美国政府间关系咨询委员会的两份报告（ACIR 1986，1988）。

总部所在地原则征收而不是公司业务实际经营地原则，那么财政能力的定义与 GRP 的定义就不能吻合。所以，GRP 与实际的应税资源之间并不完全匹配。

（2）应税总资源（TTR）

应税总资源是一个与 GRP 非常接近的指标，美国在 1987 年之前就采用该指标衡量地方政府的财政能力。

TTR 是在认可 GRP 是衡量地方经济活动总量良好指标的前提下对 GRP 进行调整而得到，主要包括以下三个方面：其一，剔除某些税种，因为它们的资金不能被视为地方政府的自有收入；[①] 其二，增加联邦（中央）政府给予企业和个人直接转移支付，包括养老金和失业救济等；其三，各国根据自身需要进行的额外调整。表 5－1 以俄罗斯为例说明了 TTR 的调整步骤。TTR 的优势在于它能比 GRP 更准确地反映地方政府的财政能力，缺点在于它仍然类似于 GRP，是一种数据密集型的指标。

表 5－1　　俄罗斯的应税总资源调整步骤

地区总产值（GRP）	5000.00
联邦间接营业税（－）	600.00
联邦补贴/福利（＋）	100.00
中间额	4500.00
总部位于其他地区的企业，其来自本地区的利润（－）	1300.00
总部位于本地区的企业，其来自其他地区的利润（＋）	1400.00
应税总资源（TTR）	4600.00

资料来源：Jorge Martinez－Vazquez and L. F. Jameson Boex. 1997. *Fiscal Capacity: An Overview of Concepts and Measurement Issues and Their Applicablility in The Russian Federalism.* International Studies Program，Working Paper 97－3，p12.

（3）实际财政收入

实际财政收入也被某些国家作为衡量财政能力的指标，不过正

① 美国剔除的是社会保险税和联邦养老基金。

如前文所述，该指标并不是一个好指标。原因在于：一方面，该方法否认了实际财政收入同时受财政能力和财政努力的左右；另一方面，如果使用该方法，将激励地方政府减少财政努力，将其财政收入维持在低水平以获得中央政府的均等化补助。

(4) 人均个人所得

地方政府最直接的收入来源莫过于纳税人的所得。所以，人均个人所得是最为直接也是最为广泛使用的财政能力衡量方法。

该方法的突出优势在于其具有广泛适用性和简单性。即使没有任何经济学基础的人，对于人均个人所得都会有直觉的认知。有趣的是，简单既是该方法的优点，也是它的缺点。在一些国家，政府所统计的人均个人所得由于地下经济等原因并非是实际的个人所得。另外，在此方法下，也很难测算地方政府辖区之外的应税经济资源或经济租，从而财政能力的衡量有所缺失。比如，当某个地区的财政收入大量来自于旅游者的贡献（如销售税、宾馆税）的时候，该地区的人均个人所得并不能代表其自身的财政能力。

5.1.2 代表税制法

为了避免采用宏观指标方法衡量财政能力的弊端，美国政府间关系顾问委员会开发出代表税制法（RTS，Representative Tax System）。该方法的基本原理是：在假设地方政府采取了全国平均财政努力程度的前提下计算某地区的收入总额。所以，代表税制法不仅涉及了地方政府的实际财政收入水平，还涉及了税基构成。很明显，该方法摒弃了宏观指标那种单一的、笼统的模式，而代之以细分的、多方位的测量模式。

代表税制一般由五个因素或步骤组成，即收入范围的确定、收入来源的划分、标准税基的界定、平均税率的确定和财政能力的预测，我们逐一看来。

- 收入范围的确定。RST 将地方政府所有的税种和准税种纳入到体系当中，如某些执照税、注册费、许可证费等。另外，地方政府所拥有的企业利润同样可以反映该地区的财政能力，因此也需囊括进来。

- 收入来源的划分。所有的收入项目按来源分成不同的税收类别，即来自于同一来源的收入划入同一税种当中，只是税目不同而已。比如，加拿大的 RST 包括 33 个税种，美国则为 27 个，见表 5－2。

- 标准税基的确定。每个税种还必须确定标准的税基。在某些国家，法定税基可以被视为标准税基；但在另外一些国家，如美国，州税和地方税的税基差别很大，如此就有必要统一规定。

- 平均税率的确定。法定税率在此没有多大参考价值，各税种平均税率通过各地方政府的实际税率水平加权计算得出。

- 财政能力的预测。这是 RST 的最后一步。将各税种的平均税率与其标准税基进行乘积计算，然后加总各税种的收入，从而得到财政能力总额。

实践中，各国政府一般会挑选处于中间收入水平的几个州，将它们的财政能力平均或加权平均后作为均等化标准，财政能力达不到平均水平的地方政府可以获得均等化补助。来自某收入来源的均等化补助公式如下：

$$E_x^i = (POP)_x\{[(PCTB)_{na}^i \times t_{na}^i] - [(PCTB)_x^i \times t_{na}^i]\}$$

其中，E^i——X 州来自收入来源 i 的均等化补助；

POP_x——X 州的人口；

$PCTB_x^i$——收入来源 i 的人均税基；

t^i——收入来源 i 的全国平均税率水平。

将来自代表税制中所列举的所有收入来源的均等化补助加总就得到了 X 州的均等化补助总额。

可以说，RST 是一种最为全面和精确的衡量财政能力的方法。但是，对于那些数据难以收集以及数据处理能力有限的国家，也可采用 RST 的“回归分析法”来替代。该方法大幅度地减少了对数据的需求，所需数据只包括各地的财政收入和部分税基，既不需要进行收入来源的分类，也不需要标准税基的测定，关键在于地方政府选择某些能代表其主要收入来源的税基，一旦税基选定，就可以采用统计分析方法来预测参数值。

表 5－2 列出了美国代表税制（RTS）的税种构成和税基。

表 5－2　美国代表税制（RTS）的税种构成和税基

税　种	标准税基
一般销售税	零售额和特种服务行业的销售额
赛马销售税	赛马或赛狗的流转额
汽车燃料销售税	燃料消费（按加仑计算）
保险销售税	保费：寿险、医疗险、财产险
烟草销售税	烟草消费（按包计算）
娱乐销售税	娱乐业的营业额
公共设施销售税	供电、供气和电话公司的收入
蒸馏烈酒销售税	蒸馏烈酒的消费（按加仑计算）
啤酒销售税	啤酒的消费（按桶计算，1 桶＝31 加仑）
葡萄酒销售税	葡萄酒的消费（按加仑计算）
机动车驾驶执照税	执照发放数量
企业执照税	企业数量
打猎和钓鱼执照税	执照发放数量
酒精饮料执照税	执照发放数量
汽车执照税	汽车登记数量
卡车执照税	卡车登记数量
个人所得税	联邦纳税义务
公司所得税/净值税	公司利润
居民财产税	居民财产的市场价值
农场财产税	农场不动产的市场价值
商业/工业财产税	存货、财产、厂房和设备的账面净值
公共设施财产税	供电、供气和电话公司的固定资产的账面净值
遗产税和赠与税	联邦遗产税和赠与税的税收收入
石油和天然气采掘税	石油和天然气的产值
煤采掘税	煤的产值
非燃料型矿物采掘税	非燃料型矿物的产值
其他税收	个人所得

资料来源：Jorge Martinez－Vazquez and L. F. Jameson Boex. 1997. *Fiscal Capacity：An Overview of Concepts and Measurement Issues and Their Applicablility in The Russian Federalism.* International Studies Program，Working Paper 97－3，p16.

5.2　支出需求要素

支出需求的考察远比财政能力复杂和困难，这是因为如何理解并统计地方政府之间的人口差异、服务差别、地方需求差异和政策差异并非易事。不过，尽管困难重重，人们还是采取了诸多的方法来衡量支出需求，这些方法可以概括为三大类：第一，支出需求特别决定法；第二，代表支出制度；第三，理论代表支出制度。

5.2.1　支出需求特别决定法

该方法只对支出需求进行简单的测量，所采用的考量因素和相对系数比较武断和随意，各国根据自身需要而制定，没有统一的模式。如德国采用了人口规模和人口密集度作为衡量支出需求的两个要素。南非中央政府与省政府之间的转移支付中也采用了支出需求特别决定法。2006—2008 年的均等化公式中基本上只考虑支出需求要素，只有 1% 的系数给予了人均 GDP。南非的支出需求特别决定法中均等化公式中各需求因素和相对系数分配见表 5－3。

表 5－3　　南非的支出需求特别决定法

支出需求因素	相对系数	具体内容
人口因素	0.14	各省人口占全国总人口的份额
教育因素	0.51	按年龄（5—17 岁）分段的学生规模，以及过去三年间公立学校招生的平均人数（R—12 级）
医疗因素	0.26	获得和未获得医疗救助的人口比例
制度因素	0.05	在各省之间平均分配
贫困因素	0.03	各省贫困指数
经济产出因素	0.01	各省 GDP

资料来源：Anwar Shah. 2007. *Fiscal Need Equalization*：*Is it worth doing*? *Lessons from International Practice*. World Bank，Working Paper Draft.

通过上述因素及相对系数的计算和加总，就可以得到南非某省的支出总需求，中央政府由此进行均等化补助。

5.2.2 代表支出制度

该方法实际上是代表税制在支出领域的平行方法。在此法下，地方政府支出根据职能划分，然后决定每个地区归属于各项职能的支出，再区别相关的需求影响因素或成本因素，按照直接归属法或回归分析法配置相对系数，最后，按照每项职能的相对需求和成本来配置所有地区的总支出。该方法的优点在于计算简便，它用实际总支出作为衡量支出需求的起点，并精选了一些影响需求的指标，甚至包括意愿性的需求，从而减少了在各地方政府之间分配支出的难题；缺点在于它并没有扣除地方政府提供“合理水平公共服务”的必要费用。

我们用以下这个简单的例子来说明代表支出制度。假设某国有10个省，每省的单位福利成本相同，福利需求根据达到工龄人口的失业比例、[①] 非工龄人口失业比例、单亲家庭比例来确定。每个因素的相对系数分别为40%、35%和25%。假设均等化补助总额为50亿美元，某省A在三个因素中所占份额分别为4.8%、3.0%和2.2%。A省的标准福利支出为：

$$50\times[(0.048\times0.40)+(0.03\times0.35)+(0.022\times0.25)]$$

$$=1.76\text{（亿美元）}$$

或等于总支出的3.2%。

表5－4列出了欧洲各国联邦政府与州或省政府之间转移支付的支出需求测量指数一览。

---

① 工龄：指的是最小工作年龄，各国规定不同，甚至每省（州）的规定都不同。如英国打夜工的最小年龄为18岁。

表5－4　　欧洲各国公共服务的支出需求测量一览表

服务类别	测量单位	每单位成本	调整指数的构成
初等和中等教育	学生数量(7—18岁)	该国初等和中等教育服务的人均公共支出	工资指数＝某辖区教师工资水平：全国平均水平 租金成本指数＝某辖区每平方米的租金成本：全国每平方米的平均租金成本 学生残疾指数＝某辖区残疾学生比例：全国残疾学生的平均比例 贫困家庭指数＝某辖区低收入家庭学生比例：全国低收入家庭学生的平均比例
医疗	总人口	该国医疗服务的人均公共支出	医疗价格指数＝某辖区医疗成本：全国医疗平均成本 婴儿死亡率＝某辖区婴儿死亡率：全国婴儿平均死亡率 逆预期寿命指数＝全国平均寿命：某辖区的平均寿命 逆人口密度指数＝全国平均人口密度：某辖区的人口密度
公共交通	某辖区的道路总长度	该国公共交通服务的人均公共支出	工资指数＝某辖区的工资水平：全国平均水平 级别指数＝某辖区的道路平均级别：全国道路平均级别 降雪指数＝某辖区的年降雪量：全国平均降雪量 逆人口密度指数＝全国平均人口密度：某辖区的人口密度
警察和消防	某辖区的总人口	该国警察和消防服务的人均公共支出	工资指数＝某辖区的工资水平：全国平均水平 犯罪指数＝某辖区的人均犯罪率：全国平均犯罪率 消防指数＝某辖区的人均消防次数：全国平均人均消防次数 城市化指数＝某辖区的城区人口比例：全国平均城区人口比例

续表

服务类别	测量单位	每单位成本	调整指数的构成
社会福利	某辖区的总人口	该国社会福利服务的人均公共支出	最低工资指数＝某辖区的最低工资水平：全国平均工资水平 贫困指数＝某辖区的低收入人口比例：全国平均低收入人口比例 老龄化指数＝某辖区的老龄人口比例（比如60岁以上）：全国平均老龄人口比例 失业指数＝某辖区的失业率：全国平均失业率 残疾指数＝某辖区残疾人口比例：全国平均残疾人口比例
其他服务	某辖区的总人口	该国其他服务的人均公共支出	工资指数＝某辖区的工资水平：全国平均工资水平 实际成本指数＝某辖区每平方米的租金成本：全国每平方米平均租金成本 城市化指数＝某辖区的城区人口比例：全国平均城区人口比例

资料来源：Barati and Szalai（2000），p4.

除了联邦对州或省的转移支付需要考虑支出需求之外，省或州政府与市或县政府之间的转移支付同样也可考虑各种需求因素。Shah（1994）总结了加拿大省与市之间所采用的数量分析方法以及指数构成（见表5－5）。具体实施步骤如下：

步骤一：

将省政府的职能进行支出类别的划分，如交通和通讯、医疗等；

确定各支出需求中的影响因素或成本决定因素；

在支出类别中将上述因素的贡献量化。

步骤二：

采用第一步的结果，确定每个因素的相对系数；

使用相对系数计算出某类支出指数。

步骤三：

按照指数计算出每省各支出类别的理论支出额。

步骤四：

确定支出需求。

支出需求＝步骤三计算出的理论支出额－当年的全国加权平均人均支出额

由此可见，代表支出制度适用范围的宽泛，既可在中央政府与省政府之间，也可存在于省政府与市县政府之间。其实，均等化制度设计是有一些弹性可言，比如不同政府级次之间的均等化可采用同一支出需求测量方法和同一计算公式，也可以采取独立各异的测量方法和公式。当然，后者更为复杂，对政府的数据处理能力和管理能力也提出了更高的要求。

表5－5　　加拿大省政府与市政府之间的支出需求因素

支出类别	需求/成本因素	相对系数
交通和通讯	降雪量（年厘米）（SNOW）	0.1020
	高速公路修建价格指数（HCPI）	0.6580
	每平方公里的公路和街道长度（RSPR）	0.0005
	未开发地区的比例	0.2357
	总计	1.0000
	指数＝（0.10×ISNOW＋0.66×IHCPI＋0.0005×IRSPR＋0.24×INCAR）×ISRP	
高等教育（PSE）	13级全日制学生招生人数（PPS）	0.048
	母语是少数民族语言的学生比例（ML）	0.19
	该省的失业率（UR）	0.018
	教育价格指数（EPI）	0.717
	需要帮助指数（HWI）	0.010
	中等后教育的外国学生人数（FPS）	0.017
	总计	1.000
	指数＝（0.18×IPSS＋0.70×IML＋0.08×IUR＋0.04×IFPS）×IHWI×IEPI	

续表

支出类别	需求/成本因素	相对系数
初等和中等教育（ESE）	18 岁以下人口（P017）	0.014
	人口密度（PD）	0.017
	教育价格指数（EPI）	0.969
	总计	1.0000
	指数＝（0.02×IPD＋0.98×IEPI）×IP017	
医疗（HE）	酗酒（ALCO）	0.123
	城区人口（PU）	0.877
	总计	1.000
	指数＝（0.123×IALCO＋0.877×IPU）	
社会服务（SS）	单亲家庭（SPF）	1.000
警察	违法犯罪记录（CCO）	0.39
	城市人口比例（PMAR）	0.61
	总计	1.00
	指数＝（0.39×ICCO＋0.61×IPMAR）	
一般服务（GS）	私人部门工资（AMW）	0.769
	母语是少数民族语言的人口比例（ML）	0.001
	人口密度（PD）	0.023
	人口（POPF）	0.039
	降雪量（SNOW）	0.168
	总计	1.000
	指数＝（0.001×ML＋0.175×ISNOW＋0.80×IAMW＋0.024×IPD）×IPOPF	

资料来源：Shah（1994a）.

5.2.3 理论代表支出制度

理论代表支出制度是对代表支出制度的改进，因为它采用更为客观的数理分析方法来界定支出职能和支出需求。在该制度之下，如果测量了全国平均财政能力和全国平均人均标准支出，某州 X 的 i 类支出的均等化补助额就等于按照需求因素测量的该州人均潜在 i 类支出与人口的乘积，或者说等于 X 州的人口数乘以 X 州 i 类支出的人均标准支出额与全国平均人均标准支出额的差额。相关的计算公式如下：

$$EE_x^i = (POP)_x[(PCSE)_x^i - (PCSE)_{na}^i]$$

其中，EE_x^i——X州i类支出的均等化补助；

POP_x——X州的人口；

$PCSE_x^i$——X州i类支出的人均标准支出额（或者该州如果达到全国平均财政能力水平为满足实际需求的支出估算数）；

$PCSE_{na}^i$——i类支出的全国平均人均标准支出额。

i类支出的均等化补助可能为正，也可能为负，或者为零。所有支出类别的均等化补助加总就是X州可以获得的均等化补助总额。

理论代表支出制度的实施难度较大，但它更为客观，同时也便于按照真实的地方政府支出行为而不是特殊的价值判断来分析支出需求。每类需求因素的相对系数和他们对均等化补助分配的影响都将完全采用计量分析来衡量。不过，需要明确的是，该法必须对每类服务的决定因素有明确的界定，包括相关的财政能力和公共服务需求变量；另外，由于完全以计量分析为基础，对数据的收集、分析和处理也提出了更高的要求。正因为如此，它还停留在理论的探讨阶段。

5.3　小　　结

单纯按照财政能力要素进行均等化比较容易理解，而且一旦政府确定了均等化标准也比较容易施行。但单纯按照支出需求要素进行均等化会显得相对复杂并容易引起争议，因为它本质上要求更为客观的判断并使用精确的计量分析方法。同时在确定各类支出的影响因素的时候需要特别审慎和仔细。理想的支出需求均等化制度是第三类理论代表支出制度，但在实践中因其难度太大以至于直到今天还没有一个国家付诸实践，由此可见理论与实践的差距。

在各国的均等化实践中，财政能力视角和支出需求视角都被采用，有的国家，如加拿大在联邦与省政府之间的均等化过程中仅仅只考虑了财政能力要素，但州与地方政府之间的均等化又置换成支出需求要素。有的国家则同时涉及了财政能力和支出需求双重因素，例如澳大利亚的做法。这完全取决于政府的决策。

无论制度设计中包含了哪一个要素，毫无疑问的是，各国政府的均等化目标几乎是一致的：每个国民不管居住在哪个地域，都能享受到大致均等的公共服务。但有一个问题还值得深入探讨：均等化的受益者是否为全体国民，还是集中在某个阶层？所以研究者似乎还应该尝试找寻公共服务的真正受益者，或者比较国民的受益程度，从而推断出均等化的实施效果是否与设定目标相吻合。这方面的研究并不多，不过可考虑吸纳那些在其他公共支出领域的研究方法，如格兰德和温特所做的英国公共服务受益情况的分析。从表5－6中可以看出，与公共选择的中间投票人理论相一致，中产阶级通常能更清楚地表达自己的意愿，更能理解复杂的社会法制，有更多人力、物力组织游说集团。这些能力毫无疑问地为他们带来方便，并影响公共支出收益的分配。

表5－6　按照“谁受益”为标志，对各种公共服务进行分类

中等阶层供给者所占比例	中等阶层受益者	
	高	低
高	国民保健服务——医疗服务 教育	个人社会服务
低	国民保健服务——赡养服务 儿童津贴	市建住房 失业和收入相关的补助 社会保障的税收减免

资料来源：J. 勒·格兰德和 D. 温特：“保守党和工党统治下的中等阶层和福利状况”，《公共政策杂志》1987 年第 6 期，第 399—430 页。

所以，我们还必须深度考量的是：均等化补助作为公共转移支出的一大类别，它的受益对象尽管定位为全体国民，但实际的受益情况如何呢？是否中等阶层或中等收入者仍然是最大的受益者呢？如此，是否偏离了均等化“为全民服务的宗旨”呢？

第 6 章
均等化：发达国家的视野

均等化在西方国家已有悠久的历史。澳大利亚被普遍视为最早施行均等化的国家，加拿大、德国也都有着均等化的长期丰富经验，不仅如此，加拿大和德国还通过宪法确立了均等化的立宪地位。本章遴选上述三个国家的均等化制度进行介绍和比较分析，考察先从各国的均等化历史入手，再对具体实施措施进行描述。之所以选择了这三个国家，缘于以下考虑：

- 上述三国所处地域广泛，分布在澳洲、北美洲和欧洲，同时它们都是经济发达国家，因而，我们可以获得更为丰富的经验，当然，教训也不例外；
- 上述三国的地方政府具有较大的差异性，不仅体现在区域面积，也体现在人口、经济、文化等众多方面，因而，与中国的国情更为相似；
- 上述三国近期的中央政府与地方政府之间的关系都经历了些许的变化，因而，均等化的实施议题才更显得真实和可靠；
- 上述三国的均等化制度中，既有以财政能力为主导要素的制度设计，也有对考察一个国家的均等化水平，同时考虑财政能力和支出需求两个要素，考察才更全面。

6.1　澳大利亚的均等化制度

澳大利亚的政府间财政体制是复杂而广泛的。从法律意义上讲，澳大利亚联邦内部两级政府的关系是一种平等合作关系，它们的法律角色、职责和权力范围不同。这种结构既不是权力的移交（联邦政府将权力和责任移交给州政府），也不是分权结构（在分权结构下公共物品的提供更加依赖地方政府）（Morris，2006）。财政体制的复杂引致了其转移支付体系的广泛，不仅有以水平均等化（HFE，Horizontal Fiscal Equalization）为核心的无条件补助，还有专项补助。

6.1.1　历史进程回顾

澳大利亚联邦成立于 1901 年，由原属英国的 6 个殖民地组成，也就是现在澳大利亚的 6 个州。原殖民地最主要的收入来源是关税和货物税。联邦成立之后，关税和货物税成为新联邦政府的收入来源，条件是——在 10 年内将至少 3/4 的内地货物税返还给各州以便履行州政府的支出职能，从此各个州在财政上开始依赖于联邦政府。新联邦还建立了联邦政府向州的转移支付制度，但是人均转移支付额完全一样。由于澳大利亚 80% 的人口集中在东海岸地区，其他州的人口非常少，如此，人均完全相等的支付额使得这些小的州无法向公众有效提供公共物品和服务。到了 20 世纪 20 年代，三个州在公共物品供给上遇到了很大的困难，西澳大利亚甚至宣布要退出澳大利亚联邦，在此背景之下，澳大利亚联邦政府认识到：小州的财政能力不足，但同时它们还有义务提供基本公共服务，而且公共服务水平和其他大州一样，作为联邦的一部分，它们承担这些义务是不公平的，因为他们没有这样的能力，所以，联邦政府必须建立某种制度性的方法或机制来解决该问题。于是，联邦补助委员会（The Commonwealth Grants Commission，CGC）于1933年成立。

该委员会的职责主要包括：调查小州的财政问题，以及提出解决的建议；考察各州提出的额外财政拨款要求等等。委员会1936年提出了其第三份报告，在这份报告中，他们认为各州之间的资金分配“要使各州通过合理的努力能够履行某种标准的职能而不是明显低于其他州”。① 这被视为澳大利亚水平均等化（HFE）理念的开始。真正意义上的公共财政水平均等化概念则于1950年提出。但1936年的财政需求原则一直到20世纪70年代依然适用：如果某州通过合理的努力无法使政府效率维持在合理的水平，那么它就应该得到财政补助。

20世纪70年代中期，新南威尔士州和维多利亚州认为它们的财政需求遭到忽视，这种担心与从联邦政府获得资金的渠道应该合理化的要求共同导致了一场重大的变革，即转移支付资金的数额要由所有州共同决定，这种政府间财政关系一直延续至今。1977年4月，6个州和委员会普遍达成共识：“每个州在没有征收高额税收的前提下都应有能力提供与其他州相同的经常性政府服务。”② 该种共识以1976年“州个人所得税分享法案”为基础，法案将水平均等化的目标设定为：“保证每个州，在没有征收与其他州有明显差别的税费的前提下，能够提供与其他州没有明显差别的政府服务。”③ 但在实践过程中，委员会和各州马上认识到那些弹性用语，如“明显差别”、“无明显差别”应该用“相同”一词替代。同

① Commonwealth Grants Commission，Third Report，1936，p75.

② Commonwealth Budget Paper No. 7. Payments to or for the States and Local Government Authorities，1977—1978，p17.

③ State（Personal Income Tax Sharing）Act 1976，section 13（3）（a）.

时，委员会开始用数学模型来表述均等化，核心是赋予各州相同的财政能力。委员会认为，各州在面积、人口、历史、地理、发展水平和资源禀赋方面存在差异，一个州一澳元并非能转化为另一州的一澳元所提供的相同水平的公共服务。例如，在某些地区提供标准水平的教育和健康服务所付出的成本要大于其他地区，即使各州遵循同一政策，给予所有州相同的人均金额也会导致它们提供的公共服务的能力处于不同水平。在财政收入能力方面也是如此，即使所有的州和行政区都按照相同的税率开征相同的税种，按人口计算、按征税努力来看，它们的收入也会有差异。所以，政府间的转移支付应该以横向财政平衡为基础。图 6－1 表明了澳大利亚各州之间普遍存在的收入和支出差异。

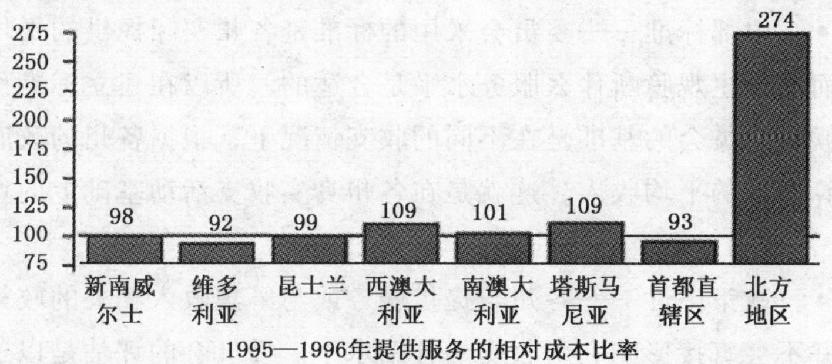

1995—1996年提供服务的相对成本比率

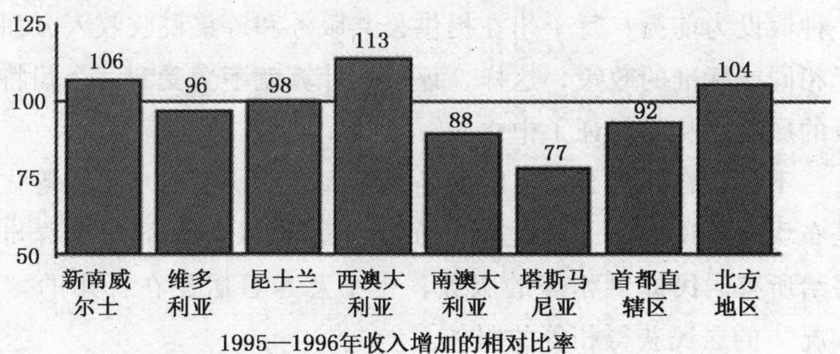

1995—1996年收入增加的相对比率

图 6－1　普遍存在的收入和支出差异

资料来源：沙安文、沈春丽：《地方政府与地方财政建设》，中信出版社 2005 年版，第 223 页。

1999年的联邦补助委员会回顾报告中，均等化的定义又被修正为："州政府应该从联邦政府获得资金，以保证每个州付出相同的努力从自有资源中获得收入，同时按相同的效率水平运作之后，有能力提供相同标准的服务。"①

上述概念体现了澳大利亚均等化的三大支柱——财政能力均等、内部标准和政策中性。

- 财政能力均等。这表明均等的对象是各州的财政能力，而不是它们的业绩或者产出。该支柱尤为重要，因为它确定了澳大利亚均等化的基本目标，即各州有均等的财力为公众提供公共服务。不论公众居住在哪里，资源配置要使所有居民享受相同的公共服务。

- 内部标准——委员会采用的标准是各州实际提供的平均水平，而不是主观臆断什么服务水平是合适的。所以在建立标准预算的时候，委员会的基准是在不同的收支情况下，根据各州的政府职能计算出来的平均收入，这就是在各州真实收支活动基础上的均等化。

- 政策中性——各州与提供服务或与筹集收入相关的政策或选择并不会直接影响它所收受的补助水平。委员会的评估是以这样一种假设为前提：每个州在提供公共服务和筹集税收收入方面遵循了相同或标准的政策，这样，评估和计算就不会受到每个州特殊政策的影响，从而保证了中立。

不过，在此还必须明确的是，澳大利亚所谓的水平均等化并非是布坎南所说的"个人之间"的公平，所以它既不意味着州政府将给所有居民提供相等的服务，也不意味着居住在各州的"相等状况"的居民获得相等的服务。

---

① Commonwealth Grants Commission, Report on General Revenue Grant Relatives 1999, p4.

2000 年，澳大利亚引进了商品和劳务所得税（GST），联邦和州政府的财政关系经历了一场更为深刻的变革，但政府间财政关系的原则并没有改变，根据联邦—州政府的财政关系改革的政府间协议，所有的 GST 都按照横向财政平衡的原则分配给各州。

6.1.2　具体实施方法

1981 年开始，澳大利亚就采用公式化的程序进行均等化支付；2000 年联邦政府开始征收 GST（一种增值税之后），均等化补助主要来源于征收 GST 取得的税收。整个程序具有以下特征：

- 动态性。每年重新计算各州的相对优势和劣势，并相应调整 GST 的收入分享额；
- 持续性。各州的均等化额度基于每 5 年统计 1 次的最新数据；
- 历史性而非前瞻性。各州的历史数据是用来评估申请年度各州状况最可靠的依据；
- 稳定性。评估以 5 年为基础，显而易见，比 3 年或 1 年更具有说服力和稳定性。

均等化体系主要由以下几个方面构成：

①标准预算。以各州的预算范围（各州的事权和收入划分）为基础构建。该预算体系反映了各州的收支项目，由 41 种支出项目和 19 种收入项目组成。

②财务标准。以公开发表的数据为基础，计算各州每类支出的平均水平和平均税率。这些数据主要来自澳大利亚统计局发布的政府财政统计报告。

③政策标准。实际的收支水平受各州不同的政策影响。委员会尽量推算出各州政策的一般情况，确保评估建立在政策中性的基础之上。

④不确定因素。在假定标准政策的前提下，委员会对影响每一

类支出和收入基础的因素进行评估。在提供相同标准的公共物品和服务的情况下，与其他州相比，这些因素会使某一州的支出增加或减少；或使该州的收入提高或下降。这些被称为不确定因素，它们反映了该州的面积、社会人口特征、是否远离东南部大城市以及自然环境状况等。它们之间的差异会导致一个州在提供标准的公共物品和获取标准收入时面临不同的预算压力，委员会必须对此进行调节。

⑤相对系数。经过调整的支出或收入才是标准化评估，即对不确定因素调整后的所有州的平均水平。委员会将某一州的不确定因素折合成相对系数，少于标准化支出需求的州，相对系数小于1；而高于标准化支出需求的州，相对系数大于1。各州相对系数差别很大，如图6-2所示，从维多利亚州的0.87到北部行政区的4.3不等。相对系数小于1表明实际获得的均等化份额小于人均份额，反之则表示实际获得的份额大于人均份额。

⑥均等化份额。每个州实际获得的均等化份额等于其人口比重乘以相对系数。

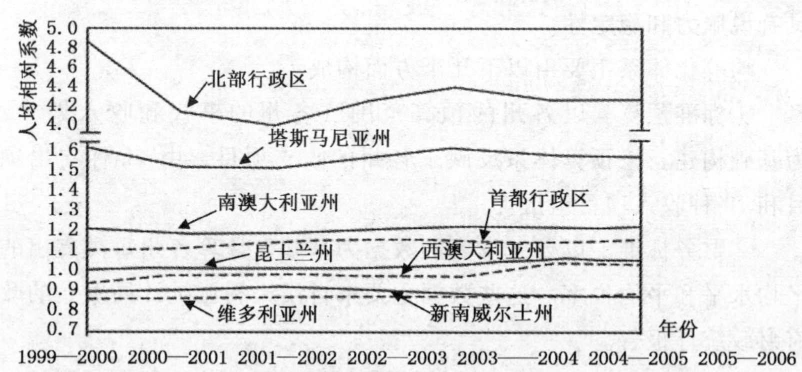

图6-2　各州的人均相对系数

资料来源：艾伦·莫里斯："澳大利亚的财政均等化体制"，info. worldbank. org。

基于以上特征和体系建立的均等化模型其实是均等化原则的数

学表达方式，模型可以用两种不同但效果相同的方式简单地描述：

其一，某州的人均补助额 = 人均 GST 份额 + 人均的评估需求（包括收入和支出）

其二，$G = E - R - O - B$

其中，G——该州从联邦收受到的所有补额；

E——提供该州公共服务需要的支出；

R——该州征收的收入；

O——从联邦收到的特殊目的支付额（SPP，Special Purpose Payments）；

B——该州的预算结果，或盈余或赤字。

如果我们用评估期间1年的相对系数来说明均等化进程，可以用以下公式来表示，当然，实际进程由于是5年的平均相对系数会更为复杂。

$$G_{ti} = R_{(t-1)i} S_{ti} G_{st} \tag{6-1}$$

$$G_{it} = \left(1 + \frac{\dfrac{N_{(t-1)i}}{P_{(t-1)i}}}{\dfrac{G_{s(t-1)}}{P_{(t-1)s}}} \right) S_{ti} G_{st} \tag{6-2}$$

$$G_{it} = S_{ti} G_{st} + \frac{N_{(t-1)i}}{G_{s(t-1)} S_{(t-1)i}} S_{ti} G_{st} \tag{6-3}$$

$$G_{it} = S_{ti} G_{st} + N_{(t-1)i} \frac{S_{ti}}{S_{(t-1)i}} \frac{G_{st}}{G_{s(t-1)}} \tag{6-4}$$

$$G_{ti} \cong S_{ti} G_{st} + N_{(t-1)i} \frac{G_{st}}{G_{s(t-1)}} \tag{6-5}$$

其中，G——某州 i 获得的补助额；

R——相对系数；

S——人口比重；

N——评估的支出需求，可能为正也可能为负，也可能为零；

i——第 i 个州；

t——申请年度；

l——评估年度与申请年度之间的时滞（最小为 2）；

s——所有的州（整个澳大利亚）。

公式（6－1）是考虑到人口比重后 i 州能得到的补助额。公式（6－2）是在相对系数为 1 再加上该州的人均需求占整个人均补助需求的比例的前提下，i 州能得到的补助额。公式（6－5）是一个约等数，假设前提是该州在澳大利亚总人口中的比重在评估年度和申请年度之间没有改变。这表明，某州在申请年度的均等化补助主要涉及两个因素：其一，该州人口占澳大利亚总人口中的比重；其二，评估年度该州支出需求的变化。显而易见，人口比重容易测量，关键在于支出需求的评估。那么该如何评估支出需求呢？澳大利亚的均等化制度设计中着重考虑了两大因素，一类被称为规模因素，包括人口规模、人口居住的分散程度、城市化程度、社会构成、年龄构成等；另一类被称为环境因素，涉及地理环境、经济状况等。在此我们仅以家庭和儿童福利支出为例，来描绘一下整个支出需求评估的框架，见表 6－1。

表 6－1　　　　支出需求评估结构示例

支出构成	相对系数（%）	因　素	缩　写
受规模影响的支出（SAE）	2.42	投入成本 管理规模	IC S
青少年拘留支出（JD）	19.48	分散程度 投入成本 社会—人口构成 跨辖区状况	D IC SDC X
住房福利支出（RC）	69.92	分散程度 投入成本 社会—人口构成	D IC SDC

续表

支出构成	相对系数（%）	因　素	缩　写
儿童服务支出（CS）	7.99	分散程度 投入成本 社会—人口构成 跨辖区状况	D IC SDC X
隔离支出（ISO）	0.19	隔离	ISO

如此，SAE = 0.0242（ic · s）

JD = 0.1948［(ic + d − 1) · sdc · x］

RC = 0.6692［(ic + d − 1) · sdc］

CS = 0.0700（ic + d − 1) · sdc · x

ISO = 0.0019（iso）

家庭和儿童福利支出的需求 = SAE + JD + RC + CS + ISO

综合考虑财政能力和支出需求之后，联邦政府按照公式分配均等化补助。图6－3描绘了从1981—1982年到2005—2006年这个长达24年的区间里澳大利亚均等化资金的发展态势。从长期来看，

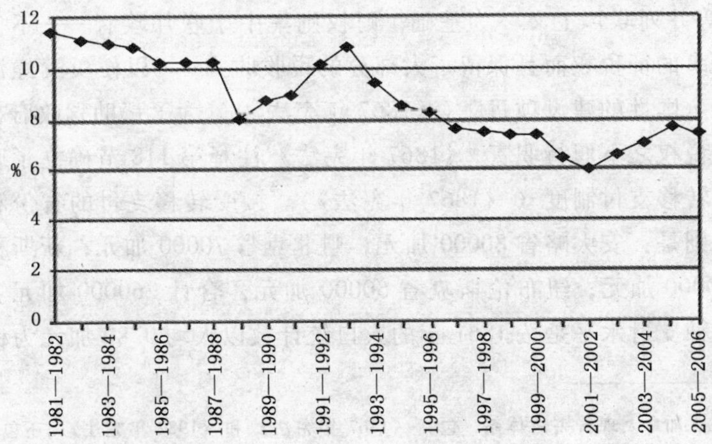

图6－3　1981—1982年至2005—2006年的均等化再分配比例

资料来源：艾伦·莫里斯："澳大利亚的财政均等化体制"，info. worldbank. org。

分配趋势是下降的，但由于财政收入的规模增大，补助的绝对数额仍在增长。

6.2 加拿大的均等化制度

均等化能以独立的章节在加拿大的《宪法》中得以体现，并非一蹴而就，一念即成，而是经历了一番理念认知和实践变更的历史进程。加拿大政府和学者们一致认为，其均等化的历史可以追溯到联邦成立之初和《1867 年宪法》。由此，我们就从加拿大《1867 年宪法》中追寻其均等化的轨迹。①

6.2.1 历史进程回顾

《1867 年宪法》，也被称为《英属北美法案》（British North America Act），其各项条款无不体现了立国者们对于加拿大多级政府之间权力划分秉承的原则：联邦政府与省政府之间的事权划分以"同等并列联邦主义"为基础，财权则集中于联邦政府——不仅拥有较多的征税权而且保留了大部分的税收收入，"以便负责经济发展和全国性的建设项目"（《1867 年宪法》）。为了帮助省政府在有限征税权之下履行职责，《1867 年宪法》注释第 118 节确立了政府间的转移支付制度（《1867 年宪法》）。接受转移支付的省份和数额分别是：安大略省 80000 加元；魁北克省 70000 加元；新斯科舍省 60000 加元；纽布伦斯克省 50000 加元，合计 260000 加元。这样一种支付水平是按 1861 年的人口统计数以人均 0.80 加元为标准

① 加拿大现行宪法体系，包括《1867 年宪法》和《1982 年宪法》，还包括自 1867 年以来所制定的一系列宪法文件。这种宪法文件在 1982 年以前共有 30 份，包括 1867 年宪法修正案、皇家诰令、省宪法以及《威斯特敏斯特法》、《最高法院法》等宪法性文件。

发放的。

1907 年宪法修正案中上述转移支付模式被予以调整，而替之以按照各省人口规模确定转移支付额度的方法（《加拿大宪法法案》，1907）。比如人口在 150000 以下的省份，补助额为 100000 加元；人口在 800000—1500000 的省份，为 220000 加元；人口超过 1500000 的省份，为 240000 加元，等等。按照新法案，人口越多的省份虽然得到的补助总额最高，但人均转移支付额却是最低。省与省之间的人均转移支付额差别较大，最高省份可以达到人均 1 加元，而最低只有 0.20 加元左右。该种转移支付模式实际上与各省的经济发展和财力水平是相匹配的。因为人口众多的省份往往是经济发达、财力水平较高的省份，比如安大略省，因而得到的转移支付额度相对越少。而对于那些人口稀少、财力匮乏的省份，比如马尼托巴省，联邦政府就会给予更多的支持。

上述的转移支付模式直到 20 世纪 30 年代都没有重大的变化，但是 30 年代的经济大危机致使某些省政府的财政濒临破产的边缘。于是，联邦政府不得不在 1937 年成立了“主权省际关系皇家委员会”（Royal Commission on Dominion - Province Relations），也被称为 Rowell - Sirois 委员会，借此来处理政府间的财政关系。[①] 委员会 1940 年提交的报告指出：经济大危机固然使省财政的状况越来越糟，但根本原因却在于《宪法》所确立的财政分权机制。一方面，《宪法》规定了省政府诸多的社会性义务，诸如教育、医疗和社会福利等，但是却没有赋予省政府足够的征税权来履行其义务，而且这些社会性支出增长迅速，省政府入不敷出非常自然。所以，财政危机的根源是内在制度因素。

解决危机的途径并非下放征税权，相反 Rowell - Sirois 委员会

① 委员会的首任主席为 Newton Wesley Rowell，后由 Joseph Sirois 接任，Rowell - Sirois 委员会就是以两人的姓来命名。

提议要更加集中联邦政府的税收权力，在此基础上通过“均等化制度”来保证省政府的收入供给。其核心建议包括三个方面：①联邦政府接管失业保险和养老保险；②联邦政府接管所有税收的征管，包括个人所得税和遗产税；③联邦政府通过给予省政府“国家行政补助”（National Administrative Grants）的方式来补偿它们损失的收入；这些补助是在没有增加额外税收（以加拿大平均税率水平为基准）的基础上帮助省政府“提供足够的服务（达到加拿大平均标准）”。[①] 至此，加拿大均等化制度的雏形在 Rowell - Sirois 委员会的报告中已见端倪。

但是，提议归提议，各省政府都拒绝放弃其有限的征税权，为了集中税权，联邦政府不得不寻找替代的解决方案，于是出台了“税收租赁协议”（TRA，Tax Rental Agreements）。协议的签约方是联邦政府与省政府，省政府承诺将其个人所得税、公司所得税和遗产税的征税权在一定的期限内（以每 5 年为一周期）租赁给联邦政府，而联邦政府按年度赔偿省政府由于丧失上述税种征税权带来的收入损失。

“税收租赁协议”仍然解决不了一些省份的经济低迷问题；同时移民高潮也对各省的公共服务提出了新的挑战，这些都迫使联邦政府找寻新的实践突破。此时，均等化制度已有了一定的理论研究基础，被称为“均等化之父”的美国经济学家布坎南曾分别在 1950 年和 1952 年探讨了均等化的公平和效率问题。[②] 另外，Rowell - Sirois 委员会早在 1940 年的提议使得联邦政府对均等化制度也并不陌生。时至 1957 年，作为加拿大最为重要的公共政策之一的均

① Royal Commission on Dominion - Provincial Relations, p. 244 - 245, in Equalization: Its Contribution to Canada's Economic and Fiscal Progress, p180.

② 这两篇论文成为布坎南和 Gotez, Flatters, Henderson, Mieszkowski, Boadway 等学者研究的基础（1974），而所有这些又成为后期均等化研究的重要基础（Boadway, 2004）。

等化制度终于正式出台。制度设计接受了布坎南的提案，即保证每个省份，包括两个最富裕的省份，安大略省和英属哥伦比亚省都有相等的人均收入；用于均等化补助的收入来自于个人所得税、公司所得税和遗产税这三项税基；5 年之后，50% 的自然资源收入将成为第四项税基。这种相对简单的模式持续了 10 年之久。

1967 年，“税收租赁协议”彻底退出了历史的舞台，而均等化制度在当年也有了新的变革。其指导理念更新为：保证每个省的公民能够在类似水平的税收基础上享受类似水平的公共服务，或者使每个省的公共服务达到全国平均水平。制度设计的重点则是财政能力的衡量。财政能力被定义为各省政府每年可以从单个纳税人处征得的税收额，衡量标准是加拿大 10 省的人均税收收入水平。另外，用于均等化补助的税基不再仅仅局限于原先的 4 个税种，而是拓展到了除能源收入之外的所有政府税收。此次的制度更新为加拿大造就了今天世界上最为大方的“财政能力均等化”模式的均等化制度。

《1982 年宪法》是加拿大从英国收回了立宪权后对前期宪法及法案作出的加拿大自由意志的修改和补充。在新《宪法》中，“均等化制度和地区差异”以独立的章节出现在其第 36 节，其中第 36（1）节是“在不改变国会和省议会的立法权和司法权的情形下，国会和省议会要（a）促进加拿大国民的福利机会均等；（b）推动经济发展以减少机会不均等；（c）向所有加拿大国民提供合理质量的公共服务”。第 36（2）节则指出：“国会和加拿大政府遵循均等化制度支付的原则以保证省政府有足够的收入在合理可比水平的税收基础上提供合理可比水平的公共服务。”（《1982 年宪法》）。同时，财政能力的衡量不再以全国平均值为标准，而替代以“五省标准”，也就是 5 个中间收入省份的平均水平，财政能力在新平均值以下的省份可以接受均等化的转移支付。比如，某一年度 5 省标准为 2000 加元，而纽布伦斯克省的财政能力是 1750 加元，那么该省可收到人均250加元的均等化补助额。①

6.2.2 具体实施方法

尽管加拿大的均等化制度经常被指责过于复杂，但其基本原理不难理解，即在衡量各省财政能力的基础上确定均等化支付额。

均等化的资金来源以各省实际取得的33种主要收入为基础，见表6-2。

表6-2　均等化的33种收入来源　单位：百万加元

收入来源	数额	收入来源	数额	收入来源	数额
1. 个人所得税	48374	12. 赛马税	23	23. 矿产资源收入	485
2. 营业所得税	13414	13. 林产收入	1777	24. 水电租金	880
3. 资本税	4769	14. 新的石油收入[1]	1297	25. 保险金	1472
4. 一般和其他销售税	28535	15. 旧的石油收入[2]	302	26. 工薪税	6681
5. 烟草税	2378	16. 重油收入	207	27. 省和地方财产税	33576
6. 汽油税	5141	17. 开采的石油收入	876	28. 彩票收入	1789
7. 柴油燃料税	1771	18. 深开采石油收入	271	29. 其他博彩收入	3666
8. 非商业车辆牌照费	2236	19. 深开采重油类收入	76	30. 各种省和地方税收和收入	9375
9. 商业车辆牌照费	986	20. 天然气收入	7849	31. 分享收入：纽芬兰省海洋开发	26
10. 酒精饮料销售收入	4091	21. 公有资产租赁收入	1210	32. 分享收入：新斯科舍省海洋开发	3
11. 医院和医疗保险金	1551	22. 其他石油和天然气收入	407	33. 分享收入：优先股分配	122

资料来源：加拿大财政部："联邦和省政府的分配关系"2001年10月。

[1] 主要是指：从（1）1975年10月31日之后开始的油井；（2）1982年1月1日之后重新开始生产并且在此前至少3年没有使用的油井中开采出的除重油和深开采油之外的石油。

[2] 是除新的石油、重油和深开采石油之外的石油。

① 此处仅为假设值，并非实际数据。

上述每种收入来源，加拿大各省的人均均等化份额是5省标准的人均税基与各省人均税基之间差额的某种比例，比例数为该种收入来源的全国平均税率水平。税基等同于财政能力，即各省可以从单个纳税人处征得的税收额。所以，对于收入来源 i 来说，k 省的人均均等化份额 e_i^k 是：

$$e_i^k = \bar{t}_i \left(\bar{b}_i - b_i^k\right) \tag{6-6}$$

其中，$\bar{t}_i$——适用于收入来源 i 的全国平均税率水平；

$\bar{b}_i$——5省标准的人均税基（分别为卑诗省、萨斯喀彻温省、马尼托巴省、安大略省和魁北克省）；

b_i^k——k 省的人均税基。

假设收入来源 i 为个人所得税，全国平均税率水平是30%，5省标准的人均个人所得税税额为10000加元，而 k 省的人均个人所得税税额8000加元，k 省个人所得税的人均均等化份额是就是600加元［30%×（10000－8000）］。

然后，重复使用公式（6－6），分别计算33种收入来源的人均均等化份额，再将其加总，最后乘以 k 省的人口数，就得到 k 省的均等化总额，见公式（6－7）。

$$E^k = \sum_{1}^{i} e_i^k \times p^k \tag{6-7}$$

其中，E^k——k 省的均等化总额；

$\sum_{1}^{i} e_i^k$——k 省33种收入来源的人均均等化份额的总和；

p^k——k 省的人口数。

很明显，加拿大采用了代表税制方法，该法完全以收入为基础，并不考虑各省提供公共服务的成本或者支出需求。

上述公式计算出来的结果并非实际的均等化支付额，实际支付额的确定还必须依赖于5年一轮的《联邦—省财政分配法案》（Federal－Provincial Fiscal Arrangement Act）。我们先以加拿大1999

年的法案为例，说明实际支付额的确定，然后再对 2004 年法案的新内容加以解释。

根据加拿大《财政分配法案 1999》，财政部长负责 1999 年 4 月 1 日至 2004 年 3 月 31 日期间的均等化补助安排。法案规定的基本支付额是在 E^K 和零之间取数值较大者；实际支付额是用一定比例的 E^K 与一定比例的 E^K 各财年调整额之和与零相比较，两者相比取数值较大者。所谓 E^K 各财年调整额，指按照加拿大《财政分配法案 1999》及其条例，根据每个财年的客观需要对 E^K 进行调整后的数额（见表 6－3）。

表 6－3　　各财年的均等化实际支付额

财　年	A（一定比例的 E^K）	B（一定比例的 E^K 各财年调整额）	实际支付额
1999—2000	20% × E^K	80% × E^K1999—2000 财年调整额	[A + B] 与零之间的较大者
2000—2001	40% × E^K	60% × E^K2000—2001 财年调整额	[A + B] 与零之间的较大者
2001—2002	60% × E^K	40% × E^K2001—2002 财年调整额	[A + B] 与零之间的较大者
2002—2003	80% × E^K	20% × E^K2002—2003 财年调整额	[A + B] 与零之间的较大者

资料来源：根据加拿大《财政分配法案 1999》整理。

在 2004 年的法案中，均等化模式有了若干的更新，主要包括：

- 实际支付额中要考虑额外支付额因素。额外支付额的公式为（F－L）×（K/L），其中 F＝100 亿加元，L 是各省每财年的均等化额，K 为同一财年支付给所有省份的均等化总额。该数额为负值，要与其他数值一起加总计算实际支付额。
- 彻底取消 100 亿加元的最高限额，并规定了每年均等化的支付总额，以 2005—2006 财年的支付额 109 亿加元为基数，每年递增 3.5%，直至 2014 年；新的均等化公式为：

$$E'_p = E_p + \frac{N_p}{N_R}(\overline{E} - \sum_{j \in R} E_j)$$

其中，E_p——2005 前按照老公式计算的均等化补助额；

$\overline{E}$——2005 年开始每年的均等化总额。

- 设立了独立的专家委员会来评估均等化制度和支付方式。根据专家委员会的建议，加拿大 2007 年的预算报告中已经采用了新的均等化框架，主要是财政能力的衡量又回归到十省标准；用于衡量的税基包括个人所得税、营业所得税、消费税、财产税和 50% 的自然资源收入等等。新框架有望在 2013—2014 财年通过议会立法。

根据上述公式和方法，加拿大从 1999—2000 财年以来的均等化支付额见表 6－4。

表 6－4　各财年的均等化支付额　单位：百万加元

财　年	纽芬兰省	爱德华王子岛	新斯科舍省	纽布伦斯科省	魁北克省	马尼托巴省	萨斯喀彻温省	卑诗省	合　计
1999—2000	1169	255	1290	1183	5280	1219	379	125	10900
2000—2001	1112	269	1404	1260	5380	1314	208	0	10948
2001—2002	1055	256	1315	1202	4679	1362	200	240	10310
2002—2003	875	235	1122	1143	4004	1303	106	71	8859
2003—2004	766	232	1130	1142	3764	1336	0	320	8690
2004—2005	762	277	1313	1326	4155	1607	652	682	10774
2005—2006	861	277	1344	1348	4798	1601	82	590	10900
2006—2007	687	291	1386	1451	5539	1709	13	459	11535
2007—2008[1]	477	294	1308	1477	7160	1826	226	0	12768
2008—2009[2]	197	310	1294	1492	7622	2003	0	0	12918

资料来源：加拿大财政部。

［1］2007—2008 财年的数据是最新调整数；［2］2008—2009 财年的数据是预算数。

从表 6－4 中可以看出，两个最富裕的省份——阿尔伯塔省和安大略省，由于人口较多而财力丰厚长期以来没有接受过均等化支付；另外，魁北克省一直以来是接受均等化补助额最多的省份，虽然与其经济发展程度相关，更深刻的背景是该省争取独立的政治活动使得经济不断衰退，而联邦政府在进行均等化支付的同时也希望达到安抚的效果。

6.3 德国的均等化制度

德国政府间转移支付从20世纪50年代开始实施，并不断根据新的情况进行调整，逐渐形成了均等化补助与专项拨款相结合、纵横交错且较为完善的制度体系。其转移支付力度之大、均等化程度之高、体系之完整、效果之明显，在世界各主要国家里独树一帜。

6.3.1 历史进程回顾

作为联邦国家的德国可追溯到1871年的德意志帝国。同年制定的《德意志帝国宪法》明确了德国是联邦制君主立宪制国家的实质。《德意志帝国宪法》同时规定各邦是联邦政府地方自治单位，失去了独立性。不过，此时的德国讲德语的州拥有绝对的权力，如普鲁士拥有德国2/3的经济资源。

现代意义上的德国联邦则在第二次世界大战之后的1949年建立，开始实行独具特色的“社会市场经济”进程。1949年5月23日通过了《德意志联邦共和国基本法》（以下简称《基本法》），明确了联邦、州、地方三级政府的事权和财权划分。

- 联邦政府的主要职责包括：国家安全和武装力量；联邦行政事务、财政管理和国家海关事务；对外交往和国际关系；联邦铁路、公路、水道航运、空中航运和邮电通讯；社会保障，包括失业救济、医疗、退休保险及家庭社会补助；重大科学研究计划，主要是核能源、外层空间、航天技术、海洋开发等高科技研究；煤田和矿山开采等跨区域的经济开发等。

- 州政府的主要职责是：负责本州的行政事务和财政管理；环境保护；卫生健康事业及保健设施建设；法律事务和司法管理，包括维护社会治安和公民安全；社会文化和教育事业等。联邦政府与州政府之间不是简单的直接领导与被领导的关系，其职责与财力界限十分明确，相互之间不能越权进行干预。

- 地方政府的主要职责：负责地方行政事务及行政管理；地方公路建设和公共交通事务；科学文化和教育事业，包括成人教育、学校管理、博物馆和剧院等的管理与维护；水电和能源供应；社会住宅建设和城市发展规划；地方性公共秩序管理；卫生和医疗保障；社会救济等。此外，地方政府还接受联邦和州政府的委托，承担诸如公共选举、户籍和人口普查之类的职责。

为了保证各级政府职责的有效实施和全国法律政策的必要统一，《基本法》对立法权作出了相应的规定，州和地方不得越权自行其是。同时，《基本法》还具体规定了各级政府的税种划分。

- 专享税。联邦税收包括石油税、烟草税、关税、烧酒税、咖啡税、遗产税、赠与税、保障税、资本流转税、汇兑税、交易营业税、公路货运税、所得税和增值税的附加税；州的税收包括财产税、汽车税、地产购置税、啤酒税、消防税、彩票税和赌场税等；地方政府的专享税主要是企业营业和资本税、土地税以及地方性的消费和奢侈性开支的税收，比如娱乐税、饮料税、养犬税、狩猎和钓鱼税以及酒馆零售税等。

- 共享税。包括个人所得税、公司所得税、工资税、资本盈利税和增值税等。各税种在各级政府间的分配比例是：个人所得税和工资税联邦、州、地方分别为42.5%、42.5%、15%；公司所得税、资本盈利税联邦和州之间各分享50%；增值税作为调剂性共享税，联邦和州的分配比例随着双方财力变化定期协商调整，每

4 年一次。

上述的事权和财权划分奠定了德国财政体制的最大特点，即坚持实行纵向和横向平衡的财政平衡机制，该机制是在社会市场经济背景下形成的一种兼有行政分权管理和财税调节等功能的财政体制。它在明确划分各级政府事权和支出范围并赋予各级政府一定税收权限的基础上，通过横向和纵向的财政平衡机制，来实现财力布局的纵向与横向平衡，以保证在全国范围内提供大体均衡的公共产品和服务。

《基本法》第 72－2 条和第 106－3 条中提出了“公民生存条件一致”原则，即公民享有的公共服务在全国范围内是均等的，经济发展水平高的州必须对经济发展水平低的州提供财政补贴，以保持各州财力水平的适度均衡，促进国内各州为居民提供大体一致的公共服务。第 107 条更以“财政均等化”命名以确保财政平衡机制的施行。该条款指出“法律在考虑州内各市镇的财政能力和支出需求后，必须保证财政能力差异较大的州享有合理水平的均等化”。为了保证各地公共服务水平基本一致，实现区域经济协调发展和加强宏观调控，联邦德国还制定了《联邦财政平衡法》，规定各级政府的财政平衡采取纵向平衡和横向平衡两种方法调节财政收入的再次分配。

1990 年德国重新统一后，重写了《基本法》的序言和最后条款，同时为了保证原联邦德国的均等化效果，“财政均等化”条款延缓执行。所以，尽管 1990 年 10 月 3 日起，《基本法》对整个德国有效，但覆盖统一后德国的财政均等化从 1995 年 1 月 1 日起才正式施行。

6.3.2 具体实施方法

德国均等化补助以全体公民为对象，而不是财政供养人口，并根据人口密度调整，体现了为公众提供均等化公共服务的理念。这种理念在德国已经深入人心，无论富州和穷州都一致认同。

（1）垂直均等化

垂直均等化，即联邦对州的转移支付，主要是通过对增值税分享来进行。在所有共享税中，增值税的分配较为特殊，它不是简单地按比例在各州之间平均分配，而是作为德国税收收入分配体系中惟一能够调整联邦与州之间以及州与地方之间收入关系的税种，在具体分配形式上带有明显的“富帮贫”色彩。需要说明的是，按照现行财政平衡法的规定，全部增值税收入的5.63%和2.2%首先将分别用于养老保险和分配给地方政府。所余的92.17%增值税收入部分属于联邦与州分享范围，目前的分享比例分别为49.6%和50.4%。其中的50.4%的州分享部分，又被分成两部分在各州之间进行分配。

除此以外，联邦对州还有一些特殊目的的补助，如：

对有些属于州和地方事权范围的重要支出和投资项目拨款。《基本法》104A－2项和91条规定，有些州级支出需要联邦政府解决，例如对一般市民的居住和教育支出，每年联邦政府都要拿出200亿马克补贴。对属于州和地方事权范围的一些重要投资项目，联邦政府有时也给予适当补助，出发点是为了改善区域经济结构，或改善地方的市政建设。这部分范围包括：城市规划建设与发展，地方交通和市郊公共交通扩建，烧煤电站及远距离供热项目等。

对州的某些负担较重的支付项目和联邦委托给州的任务进行拨款和补助。在联邦、州、地方之间的任务划分中，一些属于联邦的任务，如交通管理、重大科研活动等需要委托给各州承担，与此对应，联邦提供相应的拨款。除此之外，如果各州承担的一些开支项目负担较重，联邦也提供适当拨款进行补助，如高等院校学生的助学金开支、房租补贴、伤残者社会保障费用等。

《基本法》第91－A项、第91－B项和第104－A项所规定的“共同任务”补助。在完成联邦和州的共同任务时，联邦也向州提供财政资助，来达到协调政策的目的。“共同任务”包括五个领域，即大学建设、地区政策、农业结构政策和海岸保护、教育规划、重要且超出州范围的研究。当然，此类措施仍遵循“生存条件一致”的原则，也就是《基本法》规定的，这些补助只能用于平衡地区差异。

（2）水平均等化

水平均等化的核心是州际均等化，其运行相对简单，基本原理是从富裕州向贫困州进行资金转移。整个步骤如表6-5所示。

表6-5　　州际均等化步骤

	州的分享份额	水平均等化的标准	水平均等化的效果
第一步	个人所得税（42.5%）	居所原则	弱
	公司所得税（50%）	经修正的居所原则	弱
	增值税（49.6%），其中		
	75%	以人均为基础	强
	25%	均等化公式	非常强
	地方营业税	税收收入的地方模式	没有
	州税（100%）	税收收入的地方模式	没有
第二步	州际均等化	高于平均人均收入的州对外支付 低于平均人均收入的州获得支付	强
第三步	联邦政府垂直补助		
	无条件	联邦补充补助	强
	有条件	共同任务补助	中等

资料来源：Fottinger W. and Spahn P. B.，1997，p235.

第一步，增值税收入的预先平衡。指增值税中应当属于州级财政的部分在各州之间按两步分配：

将增值税应当属于州级财政部分的至少3/4按州的居民人口进行分配。即用这部分增值税除以各州居民总人数，得出全国统一的人均增值税收入的税额，然后用某州的居民人数乘以人均增值税分配份额，即得出某州按居民人数分配得到的增值税份额。

将增值税应当属于州级财政的部分的最多不超过1/4部分进行一种平衡性非对称分配，主要是针对那些财政能力弱的州。这里，首先需要测算某州的税收能力和标准税收需求，并进行平衡比较，只有贫困州才有资格参加分配，分配的目标是使那些贫困州的财政能力达到全国平均水平的92%。

第二步，使各州的财力水平均等。具体操作程序是，先测量调整财政能力（AFCi，Adjusted Fiscal Capacity）与均等化标准（ESi，Equalization Standard），然后进行比较，并通过富州向穷州的横向拨款来实现各州之间财力水平的基本接近。均等化标准实际上体现的就是通常所说的标准财政支出需求，其基本公式为：

均等化标准 = 全国人均税收额 ×（州人口数 × 权数 + 地方人口数 × 权数）

具体计算步骤如下：

（1）调整财政能力 = 增值税前的税收能力 + 增值税 + 补贴税 - 港口税 + 地方税

（2）均等化标准Ⅰ = ［（所有州的增值税前的税收能力之和 + 增值税 + 补贴税 - 港口税）÷ 所有州测定居民数总和］× 各州测定居民数

（3）均等化标准Ⅱ = ［所有州的地方（区）税之和 ÷ 所有州测定居民数总和］× 各州测定居民数

（4）财力平衡超额（+）或不足（-）= 调整财政能力 - 均等化标准之和（Ⅰ+Ⅱ）

州本级的需求数量是用全国人均的税收收入分别乘以各州的居民数，再乘以权数。根据有关法律规定，对汉堡和不莱梅两个州级市的居民人数，按其实际居民数乘以1.35的权数计算；其他各州都按实际居民数测算。州以下地方需求数的计算中，各地的居民人数权数标准见表6-6。

表 6-6　人口权数

市镇的居民人数	权　数
5000 以下	1.00
5001—15000	1.10
15001—80000	1.15
80001—400000	1.20
400001—500000	1.25
500000 以上	1.30

资料来源：Spahn（1997），pp143.

然后，再通过各州 AFC_i 与 ES_i 的对比，来确定某州是接受转移支付的州还是贡献的州，以及各州之间均等化的资金流向和数量规模。

AFC_i 相当于 ES_i 的 92% 至 100% 的州，可以获得的均等化补助为：

$E_i = 0.375\ (ES_i - AFC_i)$

AFC_i 少于 ES_i 的 92% 的州，可获得的均等化补助为：

$E_i = (0.92ES_i - AFC_i) + 0.375\ (ES_i - 0.92ES_i)$

AFC_i 高于 ES_i 的州，应缴纳均等化基金。如果差额低于 1%，即 AFC_i 不超过均等化标准的 1%，贡献额为差额的 15%，公式为：

$E_i = 0.15\ (AFC_i - ES_i)$

如果差额在 1%—10% 之间，贡献额为差额的 66%，公式为：

$E_i = 0.15\ (1.01ES_i - ES_i) + 0.66\ (AFC_i - 1.01ES_i)$

如果差额超过了 10%，贡献额为差额的 80%，公式为：

$E_i = 0.15\ (1.01ES_i - ES_i) + 0.66\ (1.1ES_i - 1.01ES_i) + 0.8\ (AFC_i - 1.1ES_i)$

- 第三步：联邦补充补助。它是联邦政府对贫困州的补助拨款。虽然联邦对州的补助也可以作为财政纵向分配看待，但是，由于联邦补助的目的是平衡各州之间的财力，因此，它成为德国的财政体系中州际均等的一个层次。

采取上述均等措施后，各州之间的财力差异明显缩小，从而保证了公共服务的均等化供给，见图 6－4。

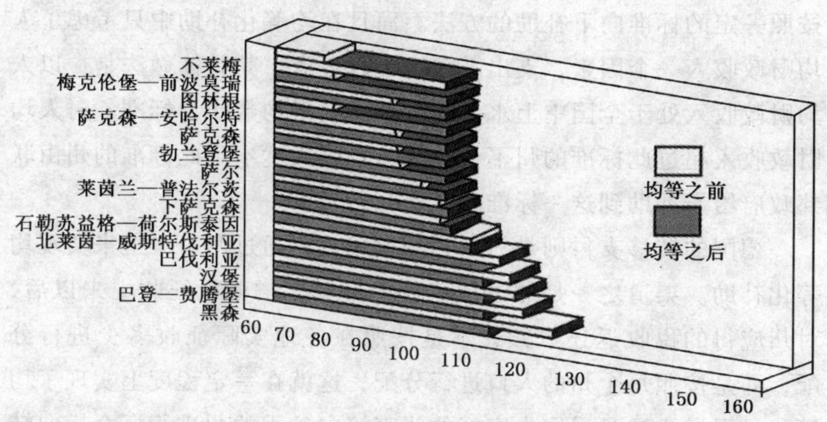

图 6－4　均等化前后德国各州的相对财政地位

资料来源：沙安文、沈春丽：《地方政府与地方财政建设》，中信出版社 2005 年版，第 224 页。

6.4　小　　结

可以说，澳大利亚、德国和加拿大分别代表了三种比较典型的均等化模式。

澳大利亚的均等化制度既考虑财政收入能力的差异，也考虑各地提供公共服务的成本差异。对收入和支出分别选择了几十个项目，分项进行详细的测算，一共采用上万个数据，用统一公式计算出各州标准的财政收入和财政支出需要，将收入能力与合理支出需要进行比较，由中央财政根据测算出来的收支差额进行补助（对因特殊因素影响支出的情况及时予以调整），如果中央财政资金不足，则各州的补助同比例减少。这种模式的优点是全面、细致，因而也最大限度地达到了公平目的，缺点是太复杂，工作量极大。

加拿大联邦对省的转移支付，是由中央财政多集中一些财力，按照一定的标准向下补助的方法。而且在均等化补助中只考虑了人均财政收入一个因素，支出需求未予以考虑。其具体做法是：以人均财政收入处于全国中上水平的五个州的平均数作为标准，对人均财政收入超过此标准的州不予补助，对收入达不到此标准的州由联邦政府给予补助到这一标准。

德国的转移支付则是另外一种模式，它通过两个渠道来实现均等化补助。渠道之一是通过增值税的分享，增值税征收上来以后，对州应得的税收返还数额，不是按照在各地实际征收多少进行分配，而是按照每个州的人口进行分配，这就在一定程度上实现了均等化。渠道之二是采取由富裕的州直接向贫困的州进行资金横向转移的方式，按照统一的公式计算出各州的财政能力和全国平均水平的财政能力（也称均等化标准），将两者加以比较，若财政能力大于平均水平的为富裕州，反之，实际收入能力小于平均水平的为贫困州。然后，按照共同协商确定的平衡程度分别计算出各富裕州应向贫困州转移的资金数量。转移的结果，使富裕州与贫困州的差距保持在一定的范围内。我们用表 6－7 来比较 3 国的均等化制度异同。

表 6－7　3 国的均等化制度比较（中央与省/州之间）

均等化内容	澳大利亚	加拿大	德国
法律情况	法律	宪法	宪法
“家长”型或“兄弟”型	“家长”型	“家长”型	“兄弟”型
转移支付总额的确定	根据情况	公式	公式
分配方法	公式	公式	公式
财政能力均等化	是的	是的	是的
财政需求均等化	是的	没有	没有

续表

均等化内容	澳大利亚	加拿大	德国
项目的复杂程度	高	低	一般
政治上的共识	没有	是的	没有（或许是的?）
由谁来推荐	独立的机构	政府间委员会	联邦参议院
争议的解决	最高法院	最高法院	宪法法庭

资料来源：沙安文、沈春丽：《地方政府与地方财政建设》，中信出版社2005年版，第221—222页。

不管均等化在这些国家的差异如何，但通过历史的回顾和现实的剖析我们至少可以概括均等化存在的基本原理：

①政治考虑：上述3国都以联邦制立国，新联邦成立之后集中税权的努力使得地方政府失去履行职能的财力保障；同时各州之间巨大的财政差异会导致政治上的分裂，联邦的瓦解，为此，联邦政府必须寻找某种制度解决由经济难题引发的政治难题，而均等化恰恰是一种最佳的方案，既可保证地方政府的财力供给，又可以营造政治上团结的氛围。

②社会公平考虑：均等化的宗旨在于给予所有公民“一视同仁”的待遇，无论住在哪里，都可以得到均等化的公共服务。因此，均等化可以提升社会公平（财政公平），同时改善市场配置资源效率（财政效率）。

正是基于以上考虑，均等化才在上述3国兴起、发展并成熟起来。

第 7 章
均等化：转型国家的实践

均等化在转型国家同样扮演着重要的角色。长期以来，转型国家的横向和纵向财政不平衡态势不容乐观，各国政府一直试图寻找某种“良药”来减轻或治愈不均等。对于转型国家来说，财政联邦主义和均等化至关重要是因为“它们能影响到所有改革的核心目标，包括宏观经济稳定，社会安全网的有效性和私人部门的发展”（Wallich，1994）。本章选择转型国家的均等化现状进行介绍，一方面是因为它们在体制背景、社会发展历程上相较于西方发达国家而言与中国有更多的类似之处，另一方面，它们的均等化进程和做法对于中国来说可能更有思考和探索的价值。由于国内对转型国家财政现实的介绍相对较少，所以本章先描述一下这些国家的政府结构、事权财权划分等状况；为了使考察更为深入，本章还遴选了两个国家作为案例来介绍，罗马尼亚作为 CIS 国家，即前东欧国家的代表，俄罗斯则作为 CEE 国家，即苏联解体国家的代表，① 如此，我们可以更全面地了解和比较转型国家的均等化状况。

7.1　转型国家的政府间财政关系：一个简要的描述

转型国家，通常也被称为 ECA 国家。② 转型之前，它们的共同特征是：中央高度集权、价格体系相对扭曲、市场机制不健全、产权不明晰（Wildasin，1998）。转型之后采取的市场化改革取向主要包括了私有化、价格自由化、建立产权制度以及放松管制等等，这些改革措施对于财政的影响也相当明显。

7.1.1　多级政府结构

对转型国家的政府间财政关系考察不妨从其多级政府结构开始。多级政府结构的存在为财政分权提供了政治依托。关于地方政府存在的经济学理论表明，合理提供公共物品的理想的政府结构，应该包括纵向的不同级次的政府以及横向的同一级次的足够数量的政府。也就是说，政府结构呈现金字塔状。在这个金字塔结构中，多级政府，以及同一级次不同地区的多个政府的存在，使政府的各种权力和责任错综复杂地交织在一起，因而政府间的关系是十分复杂的，但在各种关系中，财政关系居于最重要的地位。③

---

① 一些研究习惯把转型国家分为两类，一类称为 CEE，主要包括捷克共和国、爱沙尼亚、匈牙利、拉脱维亚、立陶宛、波兰、斯洛文尼亚；另一类称为 CIS，主要包括亚美尼亚、阿塞拜疆、白俄罗斯、格鲁吉亚、哈萨克斯坦、吉尔吉斯共和国、俄罗斯、乌克兰、塔吉克斯坦、摩尔多瓦等。可见，前者主要是东欧国家，后者主要是苏联解体后的国家。

② 即欧洲和中亚国家。

③ 中国社会科学院财政与贸易研究所：《走向“共赢”的中国多级财政》，中国财政经济出版社 2005 年版，第 4—5 页。

转型国家的多级政府结构差异很大，政府级次除匈牙利之外，普遍是二级或三级结构。但是，转型国家普遍存在的一个问题是：区域分割严重，从而使得地方政府规模过小，在一些中欧国家，如捷克（6292 个市镇）和匈牙利（3177 个市镇）尤其突出，如表 7－1所示。根据欧洲标准，地方政府的最小规模应该不少于 5000 人（CLARE，1997）。政府规模过小，直接的后果就是公共物品供给不可能存在规模效应；同时由于地方财力限制，对中央政府的转移支付提出了更高的要求。

表 7－1　　　　转型国家的多级政府结构

国　家	政府级次	省级政府数量（州/省/）	平均人口	最低政府数量（市镇/市）	平均人口
亚美尼亚	2	11	336000	930	3970
阿塞拜疆	2	71	107000	…	…
白俄罗斯	3	7	1454000	133	58000
爱沙尼亚	2	15	96000	247	6000
格鲁吉亚	2	12	450000	1000	5400
哈萨克斯坦	3	14	978000	258[1]	60000
吉尔吉斯斯坦	3	7[2]	645000	549[3]	…
拉脱维亚	3	33[4]	71257	541	2219
立陶宛	2	10	371000	56	66000
摩尔多瓦	2	11	390000	911	4300
俄罗斯	3	89	1652000	2337	63000
塔吉克斯坦	2	3	1967000	70	84000
乌克兰	3	27	2058000	937[5]	59000
乌兹别克斯坦	3	14	1721000	1749	14000
阿尔巴尼亚	3	12	275000	374[6]	9000
保加利亚	2	9	921000	255	33000
克罗地亚	3	20	230000	423	10900
捷克	3[7]	14	740000	6292	1700

续表

国　家	政府级次	省级政府数量（州/省/）	平均人口	最低政府数量（市镇/市）	平均人口
马其顿王国	2			123[8]	16500
匈牙利	1	3177	3200	3177	3200
波兰	3	16	2419000	2483	16000
罗马尼亚	2	41	548780	2951	7632
南斯拉夫	2			187	55000

资料来源：Era Dabla－Norris and Paul Wade. 2002. *The Chanllenge of Fiscal Decentralization in Transition Countries.* IMF Working Paper，WP/02/103.

[1] 173个农村县和85个县镇；[2] 一个独立市其职能等同于州；
[3] 72个县，19个乡镇和458个中心村；[4] 26个区和7个共和城市；
[5] 490个县和447个市镇；[6] 65个公社和309个市镇；
[7] 从2001年1月开始，区政府不再设置；[8] 市镇数量到2002年可能减少到85个。

7.1.2　事权和财权的划分

多级政府结构的存在，衍生出了中央政府与地方政府职责划分的议题，同时也衍生出了政府之间财权与事权的匹配问题。职责的划分一般应遵循中央与地方政府关系的基本法律制度规定。很多国家将这一内容作为宪法的重要内容之一，规定政府整体与构成部分之间纵向权力和职能关系的划分标准，从而实现政府职能的纵向和横向配置的制度化，减少由于职能不清晰而产生的越权或推诿责任的现象。ECA国家在转型之后，也开始了对原有法律和制度框架的一系列废弃、修正或转化的工作，试图通过职责的明晰来加快财政改革的进程。表7－2列举了转型国家地方政府的法律基础。

表7－2　　地方政府的法律基础

国　家	法律基础
亚美尼亚	预算制度法（1997）、财政均等化法（1998）、地方自治法（1996）、地区管理法

续表

国　　家	法律基础
阿塞拜疆	预算法、地方行政权力由总统指定的地方官员履行
白俄罗斯	年度预算法
爱沙尼亚	宪法、地方政府组织法和其他法律
格鲁吉亚	宪法、预算法，没有正式的职责划分
哈萨克斯坦	宪法（第一部分第 87 条）、地方政府预算制度法（2001）
吉尔吉斯斯坦	宪法、地方自治法、预算原则法
拉脱维亚	地方政府法（1994）、地方政府预算法（1995）、预算和财政管理法（1994）
立陶宛	行政区域和边界法（1994）
摩尔多瓦	地方财政和 1999 行政地区改革法，年度预算决定了税收分享
俄罗斯	宪法、预算法
塔吉克斯坦	宪法
乌克兰	宪法和总预算法
乌兹别克斯坦	宪法和预算制度法
阿尔巴尼亚	地方政府组织和职能法（2000）
保加利亚	宪法、国家预算法、市政预算法
捷克	宪法、市政法、地区法、预算法则
马其顿王国	地方自治法（2002）
匈牙利	宪法和其他一系列法案
波兰	地方财政法、公债法、公共财政法
罗马尼亚	宪法、地方财政法（1998）、地方公共管理法（2001）
南斯拉夫	地方自治法（2002）

资料来源：国际货币基金组织 2002 年。

从表 7－2 可以看出，匈牙利、捷克、波兰等国走在了改革的前列，并且这些国家在地方政府职责的界定中有很好的经验可循。但吉尔吉斯斯坦、塔吉克斯坦等国还缺乏良好的职责划分的法律基础。其他一些国家如俄罗斯、乌克兰虽然有了一些进展，但地方政府职责的划分还显得模糊，尤其是缺乏一以贯之的标准来合理划分中央政府与各地方政府之间的职责。

至于支出责任，各国的改革进程差异很大，见表7－3。在多数国家，地方政府承担了大部分教育支出，至于社会保险和医疗服务，中央政府承担的比重则更大一些。捷克、匈牙利、波兰等国作为改革的先行者对于支出责任的划分已有明晰的界定，但问题在于，这些国家的行政区划过小或过于分散，同时地方政府还不得不承担大量的公共物品和服务供给，供给缺失难以避免。不过，对于某些自愿性的公共服务地方政府可以选择将责任传递给上一级政府。[①] 其他一些国家，如阿尔巴尼亚、摩尔多瓦、罗马尼亚、乌克兰等国的支出责任划分相对模糊，这也是由于其法律、法规和部门规则相互矛盾和冲突，从而影响了支出职责的划分（Dabla－Norris et al，2002）。

表7－3　　各国各级政府的支出职责划分

	政府级次	一般公共服务	国防和公共秩序	社会保险和医疗服务	教育	文化和娱乐设施	其他支出	合　计
阿塞拜疆	中央	6.3	21.1	31.9	3.5	1.5	35.7	100.0
（1998）	地方	4.3	0.0	22.7	60.2	4.4	8.4	100.0
白俄罗斯	中央	4.6	8.5	41.7	3.9	1.6	39.8	100.0
（1998）	地方	2.8	1.3	20.8	26.5	3.1	45.5	100.0
爱沙尼亚	中央	7.2	12.2	47.9	10.2	4.0	18.4	100.0
（2000）	地方	11.2	0.3	12.21	38.9	11.4	26.0	100.0
格鲁吉亚	中央	7.4	12.6	35.4	3.6	2.9	38.1	100.0
（2000）	地方	9.8	3.7	11.2	31.8	7.7	35.7	100.0
哈萨克斯坦	中央	6.6	14.2	42.6	3.6	1.2	31.7	100.0
（2000）	地方	3.5	5.1	22.2	23.6	4.3	41.3	100.0

① 比如，匈牙利的“地方政府法”规定，地方政府的某些责任（城市发展、住房和垃圾处理），如果其财力无法承担，可以作为一种自愿性责任传递给上级政府（Wetzel和Papp，2001）。

续表

	政府级次	一般公共服务	国防和公共秩序	社会保险和医疗服务	教育	文化和娱乐设施	其他支出	合　计
吉尔吉斯斯坦（2000）	中央	14.9	16.0	20.5	19.5	2.9	26.2	100.0
	地方	9.4	1.5	28.4	45.0	3.4	12.3	100.0
拉脱维亚（2000）	中央	5.4	9.5	52.8	5.6	2.1	24.5	100.0
	地方	10.5	1.3	9.2	45.5	6.4	27.1	100.0
立陶宛（2000）	中央	4.2	11.4	52.5	5.8	1.9	24.3	100.0
	地方	4.8	0.8	15.1	58.9	4.6	15.8	100.0
摩尔多瓦（2000）	中央	3.7	5.7	43.6	4.0	1.0	42.0	100.0
	地方	9.4	3.5	26.0	38.2	2.7	20.2	100.0
俄罗斯（2000）[1]	中央	7.6	17.8	32.5	2.3	0.7	39.1	100.0
	地方	25.6	2.8	19.2	17.8	3.5	31.1	100.0
塔吉克斯坦（2000）	中央	20.5	20.0	20.9	3.2	3.3	32.2	100.0
	地方	10.2	3.0	18.2	39.8	2.5	26.1	100.0
乌克兰（2000）	中央	11.1	14.0	22.8	7.7	0.7	43.6	100.0
	地方	4.0	1.4	34.7	23.3	3.5	33.1	100.0
阿尔巴尼亚（1998）	中央	5.8	9.4	23.9	1.9	0.9	58.1	100.0
	地方	10.4	0.0	33.5	41.6	2.6	11.9	100.0
保加利亚（2000）[2]	中央	7.5	14.0	40.6	4.3	1.6	32.0	100.0
	地方	7.4	0.7	36.0	31.0	2.8	22.2	100.0
克罗地亚（2000）	中央	3.7	12.9	55.0	7.9	1.2	19.3	100.0
	地方	22.4	0.8	3.9	11.9	14.3	46.7	100.0
捷克（2000）	中央	2.9	9.8	54.3	9.4	1.1	22.5	100.0
	地方	15.4	3.9	16.6	7.5	7.0	49.5	100.0
匈牙利（1999）	中央	4.9	5.5	32.3	7.7	1.6	48.0	100.0
	地方	12.6	0.9	27.1	23.1	4.3	32.0	100.0
波兰（2000）	中央	4.0	7.5	51.9	4.7	0.5	31.2	100.0
	地方	7.2	4.1	32.0	27.5	3.7	25.5	100.0
罗马尼亚（1999）	中央	4.1	9.1	43.4	9.8	1.0	32.6	100.0
	地方	13.2	1.8	8.1	8.4	4.3	64.3	100.0

资料来源：《政府财政统计》（国际货币基金组织）。

[1] 包括了中央政府转移的预算外资金。

[2] 政府划拨给国防和教育的一些小额款项计算到了“其他支出”中。

支出责任不明晰深刻影响着省（区）和县、市政府之间的关系。州政府有较大的自由裁量权，它们就可以武断地将自己应承担的支出责任转嫁到下一级政府，纳税人利益必然受到影响，同时也增加了下一级政府预算的不确定性。另外，如果资本性支出责任也不明确，一些在建基础设施项目地方政府难以为继，对现有基础设施的维护也难以进行，从而影响了整个国民的生活福利水平。

大多数转型国家，所得税是地方政府最重要的收入分享来源，而消费税更多则是中央政府的收入来源。财产税，这个被广泛认为是地方政府最佳收入来源的税种在地方收入来源构成当中，比重仍然较小，使用也不够充分，一如现在的中国。税权划分在匈牙利、捷克、波兰等国相较于其他国家而言更为透明，另外由于有正规的分享制度以及稳定和一致的分享率，其地方政府收入也更具有预见性。其他一些国家的税收划分还太依赖于“调节方法”，即中央政府按年度根据每个州政府的最低支出需求设定税收分享率。实践的结果就是税收分享率年年变化，地方政府财力缺口的补偿只能通过不透明的、临时性的、谈判的方式来解决。税权划分不明晰致使转型国家的地方政府预算管理弱化，还带来了如下的激励：地方政府隐藏了其可流动的地方收入来源并拥有大量的预算外资金，或者地方政府直接减少其征税努力。表7－4列举了转型国家各级政府的税收来源结构。

表7－4　　转型国家各级政府的税收来源

	政府级次	地方税收收入		所得税	工薪税和社会保险税	消费税	财产税	其他税	合计
		占GDP的比重	占地方总收入的比重						
阿塞拜疆	中央			22	25	40	3	10	100.0
(1998)[1]	地方	4	95	43	0	40	6	11	100.0
白俄罗斯	中央			12	41	42	0	6	100.0
(2000)[2]	地方	15	91	31	0	57	7	5	100.0

续表

	政府级次	地方税收收入		所得税	工薪税和社会保险税	消费税	财产税	其他税	合计
		占GDP的比重	占地方总收入的比重						
爱沙尼亚	中央			16	38	46	0	0	100.0
(2000)	地方	5	83	89	0	1	10	0	100.0
格鲁吉亚	中央			9	22	62	0	7	100.0
(2000)	地方	4	93	52	0	11	26	11	100.0
哈萨克斯坦	中央			31	8	53	0.3	8	100.0
(2000)	地方	10	96	31	31	8	10	0	100.0
吉尔吉斯斯	中央			18	0	78	0	4	100.0
坦(2000)	地方	2	75	38	0	62	0	0	100.0
拉脱维亚	中央			13	39	46	0	1	100.0
(2000)	地方	5	72	80	0	2	19	0	100.0
立陶宛	中央			13	35	51	0	1	100.0
(2000)	地方	6	95	91	0	0	9	0	100.0
摩尔多瓦	中央			4	30	59	0	7	100.0
(2000)	地方	4	77	55	0	19	26	0	100.0
俄罗斯	中央			14	34	37	0.3	15	100.0
(2000)[3]	地方	11	80	49	0	30	10	11	100.0
塔吉克斯坦	中央			3	22	59	1	15	100.0
(2000)	地方	4	94	401	0	40	14	6	100.0
乌克兰	中央			24	9	60	0	7	100.0
(2000)[4]	地方	7	86	71	0	13	11	5	100.0
阿尔巴尼亚	中央			9	18	52	0.4	20	100.0
(1998)	地方	0	40	0	0	92	0.2	8	100.0
保加利亚	中央			16	33	48	0	3	100.0
(2000)	地方	3	77	90	0	0	10	0	100.0
克罗地亚	中央			10	34	49	0.4	7	100.0
(2000)	地方	3	59	85	0	4	11	0	100.0
捷克	中央			14	46	36	1	2	100.0
(2000)	地方	5	71	91	0	5	5	0	100.0

续表

	政府级次	地方税收收入		所得税	工薪税和社会保险税	消费税	财产税	其他税	合　计
		占 GDP 的比重	占地方总收入的比重						
匈牙利 (1999)	中央			22	35	38	1	5	100.0
	地方	4	57	45	0	44	11	0	100.0
波兰 (2000)	中央			21	35	42	0	3	100.0
	地方	6	64	24	55	2	18	0	100.0
罗马尼亚 (1999)[5]	中央			18	39	37	0	6	100.0
	地方	3	84	77	0	2	18	2	100.0

资料来源：《政府财政统计》(国际货币基金组织)。

[1] 假设没有计算的税收收入在“其他税收”和转移支付之间均分；

[2] 中央政府的其他税收收入包括财产税和其他税；

[3] “其他税收收入”包括费和其他收入；

[4] 增值税和消费税不再与地方分享；

[5] 地方政府的财产税包括土地税。

7.1.3　转型国家的转移支付概况

如果我们将转型国家的地方政府收入和支出进行对比，会发现，长期以来，收入和支出差异不仅存在，而且在加大，垂直不均等决定了中央政府对地方政府的补助数额，同时也导致了地方政府对中央政府的依赖程度加强（见表 7－5）。

表 7－5　转型国家地方政府的收入与支出比例（%）

国　家	支　出		收　入	
	考察开始年份	考察结束年份	考察开始年份	考察结束年份
捷克（1993—1999 年）	21.3	21.9	14.3	19.0
爱沙尼亚（1991—1999 年）	30.3	24.2	26.6	16.7
匈牙利（1988—1998 年）	22.4	25.4	11.9	15.0
拉脱维亚（1994—1999 年）	24.1	24.7	19.4	19.9

续表

国　家	支　出		收　入	
	考察开始年份	考察结束年份	考察开始年份	考察结束年份
立陶宛（1991—1999 年）	24.9	19.3	14.3	21.2
波兰（1994—1999 年）	16.6	36.4	12.4	22.1
斯洛文尼亚（1996—1999 年）	8.1	6.8	7.5	5.6
CEE 国家的平均值（未加权）	21.1	22.7	15.2	17.1
亚美尼亚[1]	…	7.0	…	…
阿塞拜疆（1994—1999 年）	25.3	23.6	18.9	14.9
白俄罗斯（1992—1998 年）	30.4	41.0	29.0	36.1
格鲁吉亚（1995—1999 年）[2]	17.2	26.1	…	30.6
哈萨克斯坦（1997—1998 年）	29.9	33.4	27.8	29.7
吉尔吉斯斯坦（1999 年）	…	30.7	…	17.4
摩尔多瓦（1995—1999 年）	29.5	21.7	31.7	17.7
俄罗斯（1994—1999 年）	39.2	39.9	41.4	36.2
塔吉克斯坦（1998 年）	…	36.5	…	27.4
乌克兰（1991—1999 年）	31.4	45.0	45.8	40.0
CIS 国家的平均值（未加权）	29.0	30.5	31.7	27.8

资料来源：国际货币基金组织，1999，2000。

［1］Wetzel，2001；［2］各国财政部。

转型国家地方政府自有收入的匮乏使得他们不得不依赖于政府的垂直型转移支付。垂直财政差距的巨大实际上也是一个对外部资金依赖的指标（Shah，1994），它也表明转型国家地方政府并没有多大的预算决策空间，。

表 7－6 则罗列了各国转移支付的情形。从转移支付占 GDP 的比重来看，差异较大，从 0.7% 到 6.3% 不等，这表明了地方政府对中央政府的依赖程度不同。转移支付最高的两个国家匈牙利和波

兰，是普遍被认为财政分权改革较为成功，而且收支责任划分明确的国家。如此高的转移支付额部分也在于这两个国家同时也是地方政府“碎片化”最严重的国家。

从转移支付补助类型来看，一般补助占据了主导地位，专项补助也较为普遍。比如，捷克的所有转移支付都是专项的，覆盖了许多政府职责，如公共管理、环境保护、教育、医疗、文化等。波兰由于大量使用专项补助遭受到了批评，因为可能对于地方政府的征税努力产生负面影响（OECD，2001）。一些国家，则按照人均水平来提供有条件的补助。除了均等化补助之外，转型国家也采用了其他的补助形式。如克罗地亚、吉尔吉斯斯坦、波兰在中央指定的公共服务领域，如教育、健康等采取了配套补助模式。还有一种“双方协定”模式的补助，即通过中央政府与地方政府的协商来确定补助。

从转移支付的目的来看，多数国家的转移支付以满足弥补财力缺口为目的，还有一些国家设计了以公共服务均等供给的均等化补助。弥补财力缺口实际上对地方政府收入的机动性和公共服务的有效供给产生一种负面的效应，因为一旦地方政府的自有收入增加或者公共服务资金出现预算盈余，可获得的补助额就会减少。因而地方政府为了保持中央给予的补助水平，并没有多少主动的意愿去增加地方收入或努力做到预算盈余（见表 7－6）。

表 7－6　　转型国家中央政府向地方政府的转移支付

国家	规模		类型		性质
	占 GDP 比重	占总收入比重	一般补助	专项补助	补助额的决定因素
阿塞拜疆（1998）	2.8	42	100	0	弥补财力缺口
白俄罗斯（2000）	3.0	15	100	0	弥补财力缺口
爱沙尼亚（2000）	2.0	26	是	是	收入均等化
格鲁吉亚（2000）	0.5	10	0	0	富裕地区向贫困地区转移支付。没有透明的转移支付体制，由中央政府与地方政府谈判确定

续表

国家	规模		类型		性质
	占 GDP 比重	占总收入比重	一般补助	专项补助	补助额的决定因素
哈萨克斯坦（2000）	1.7	14	100	0	收入分享后弥补财力缺口。1999 年在预算公式中引进了“父爱”制度从而决定了最富裕地区向最贫困地区的转移支付额
吉尔吉斯斯坦（2000）	2.6	49	100	0	弥补财力缺口。贫困地区通过与财政部谈判获得均等化补助
拉脱维亚（2000）	2.5	26	100	0	收入均等化
立陶宛（2000）	0.7	10	100	0	支出根据每年的通货膨胀水平确定
摩尔多瓦（2000）	2.7	34	100	0	弥补财力缺口
俄罗斯（2000）	1.4	9	大部分	一些	均等化和弥补财力缺口
塔吉克斯坦（2000）	1.2	24	90	10	弥补财力缺口。没有透明的转移支付体制，由中央政府与地方政府谈判确定
乌克兰（2000）	2.5	23	60	40	支出需求和人口；有条件补助
阿尔巴尼亚（1998）	5.4	96	100	0	弥补财力缺口
保加利亚（2000）	3.3	43	80	20	透明的转移支付制度
克罗地亚（2000）	0.2	5	较少	许多	特定目的的均等化补助
捷克（2000）	2.3	25	0	100	准备中央政府预算时计算补助额，或者根据法律框架来决定。中央政府明确补助用途，按人均、床位标准发放
匈牙利（1999）	6.3	49	69	31	一定程度的均等化
波兰（2000）	6.0	39	60	40	均等化补助，资本支出。均等化补助占到地方人均财力的 85% 以上
罗马尼亚（1999）	0.7	17	是	是	均等化补助。透明的转移支付体制

资料来源：《政府财政统计》（国际货币基金组织）；Wetzel 和 Dunn（2001）。

另外，补助额的确定在一些国家通过中央政府与地方政府之间的协商或谈判来完成，这样使得政府间的转移支付过于随意，而且没有丝毫的可预见性。这种无条件补助在某种程度上仰赖于中央政府的意愿，也产生了一种迫使地方政府为了得到更多的补助额而在中央政府“寻租”的激励。

不过，也有好的范例。我们知道，良好的转移支付制度最重要的特征是客观、稳定和透明（Bahl，Linn，1992）。转型国家中似乎吉尔吉斯、捷克等国更靠近这些标准。它们的转移支付有规范的公式可循，公式的设计能考虑到收入和支出两方面的需求，而且整个过程透明且公开。

7.1.4　均等化制度

转型国家的均等化补助有两种不同的取向，一种致力于解决垂直财政差距，另一种致力于解决水平财政差距。垂直财政差距在上文已经讨论，实际上，转型国家地方政府之间的水平财政差距同样巨大，特别是一些国家的传统工业聚集地在转型前得到政策的特殊照顾，转型后特殊照顾的撤离导致地方政府收入急剧下降，与同级地方政府财力的差异日趋明显，因而，横向财政不平衡或水平财政差距加大。所以，一些学者认为，在转型国家，同许多发展中国家一样，水平均等化可能比垂直均等化更受欢迎（Shah，1994）。

垂直均等化一般通过税收分享的方式来完成。正如上文所述，一些国家会预先设定某一个分享率，分享率因地区财力不同而不同。富裕地区适用的分享率偏低而贫困地区的分享率偏高，中央政府或高一级政府通过藏富于下级政府的模式来缓冲垂直财政缺口。水平均等化一般采取公式型。设计公式所采用的决定因素各异（Wetzel和Dunn，2001）。一些国家的公式中包括了人均支出需求、人均财力以及地方政府的税收能力指标，另一些国家，仅仅考虑人均财力。地方政府规模也是设计均等化公式的一个因素，一些国家会特别照顾那些规模较小但基本公共服务需要依然普遍存在的市镇。不过需要指出的是，一些使用公式的国家，同时还采用谈判方式确定补助额。因而，每年年末的谈判性补助使得公式的法律性和严肃性遭到破坏，从而使得这些国家的预算约束趋于软化。

尽管许多转型国家已经开始朝均等化方向在努力，不过现状并不容乐观。其一，许多国家的均等化制度还比较薄弱，公式设计不完善，均等程序不透明，这样很难达到减少上下级政府之间和同级政府之间人均财政收入差距的目的。比如，罗马尼亚的均等化依赖于毫无预见性可言的转移支付资金，公式的设计并不以满足地方政府提供基本公共服务的资金需求为目标，也没有公开的标准据以分配资金（世界银行，2002）。在俄罗斯，均等化补助只是弥补财力缺口的转移支付的补充而已。其二，转型国家的实际均等化规模较小或者均等化只占据了整个转移支付的一小部分。比如，俄罗斯虽然存在巨大的财政差异，但均等化补助额在 1998 年只占到 GDP 的 1.1%，根本不可能起到均等之效。不过在乌克兰、爱沙尼亚、克罗地亚等国，其均等化规模较小，部分是因为地方政府之间的水平财政差距相对较小。[①] 而在匈牙利和波兰，转移支付达到了地方财政收入的一半以上，也并非是理想的做法，因为这表明了中央政府对地方自治的限制以及地方政府对中央的过度依赖。表 7－7 可以帮助我们了解各国的均等化制度特色。

表 7－7　　　　转型国家的均等化制度特色

国家	均等化补助
捷克	没有特别均等化程序
爱沙尼亚	公式型均等化；考虑人口规模和人均财力的实际和平均差异
拉脱维亚	公式型均等化；按人均财力和支出需求均等；资金来源于地方政府的税收贡献

① 2002 年，乌克兰的均等化支付净额占 GDP 的 1%。

续表

国家	均等化补助
立陶宛	公式型均等化；均等化支付包含在一般补助当中；人均财力和支出差异都予以考虑；
波兰	公式型均等化；根据预设的级次均等人均财力水平
斯洛文尼亚	通过分享率的差异进行直接均等化；注重给予小市镇的补助
匈牙利	均等化是正规补助的一部分；考虑到收支两个方面；还设计了投资补助
亚美尼亚	公式型补助；人均收入和支出需求作为指标，还包括地方政府规模
白俄罗斯	公式型均等化；按地区设置不同的分享率；考虑了人均标准收入和支出
格鲁吉亚	均等化通过以基本社会需要为基础的差异性有条件补助完成；但分配没有透明的程序
哈萨克斯坦	公式型补助；考虑到标准人均财力和支出需求；资金完全来源于地方政府的税收贡献
吉尔吉斯斯坦	公式型补助；考虑到人均财力和支出的差异性；同时使用有条件补助来均等公共服务供给的差异
摩尔多瓦	采用不同的税收分享率来实现地区均等化
俄罗斯	公式型补助；人均财力和支出需要均等
塔吉克斯坦	税收分享率的地区差异；给最贫困地区以不敷补助（赤字补助）
乌兹别克斯坦	税收分享率的地区差异；给最贫困地区以不敷补助（赤字补助）
乌克兰	公式型补助；考虑到标准人均财力和支出需求，以及地方政府的税收能力

资料来源：国际货币基金组织。

7.2　罗马尼亚的均等化制度

20 世纪 90 年代开始，罗马尼亚朝着市场经济和财政分权小心翼翼地迈步。1997—1998 年，改革步伐伴随着《地方财政法》的立法而加快，但政府间财政关系仍然存在许多的缺陷（Sorin Ionită, 2003）：比如，更多的地方自治和较少的中央政府对资源配置的干预导致了地区间财政差异的加大，无效率和腐败现象依然存在。所有这些，都对罗马尼亚的均等化制度提出了更高的要求和挑战。

7.2.1 政府间财政关系

罗马尼亚的多级政府结构包括中央、县和市镇乡，政府间财政关系有赖于以下四项主要立法：

- 《地方财政管理法》（LLPA）：1991 年通过，几经修改，2000 年彻底更新。该法明确了地方政府的结构和职责。
- 《地方税法》（LLT）：1993 年通过，2002 年修改。该法确立了地方政府的自有税收，并规定了地方政府有权控制和征收的税种。财产税是地方政府最重要的收入来源。
- 《地方财政法》（LLPF）：1998 年通过。该法规范了转移支付制度、分享税、均等化制度和市镇借款等议题。
- 《年度预算法》（ASBL）：规范了每一年的预算周期（1 月至 12 月），并明确每年中央政府以均等化方式或有条件补助方式向地方转移支付的资金数额，同时也确立了财政部和各县在均等化过程中所采用的标准。

在中央与地方政府的职能划分当中，县及市镇乡政府的主要支出范围覆盖在行政管理、教育、文化、社会福利、公共交通、通讯和城市开发及住房等方面，如表 7-8 所示。

表 7-8　地方政府的支出类别（%）

		2000 年之前	2001—2002 年
非指令性的支出	一般地方服务	40	25
	公共交通	20	8—9
指令性的支出	教育	10—12	35
	社会福利	5—6	15

资料来源：Sorin Ionită. 2003. *Halfway There: Assessing Intergovernmental Fiscal Equalization in Romania*. p49.

与支出相对应的地方政府收入来源主要包括：

- 自有税收收入：即地方税法所规定的地方税收和费的收入。1997—1998 财政年度到 2003 年，地方政府有一定的税率自由裁量权，但限制在财产税和使用者费上。2003 年以后，地方政府的权限被收回。

- 个人所得税分享：分享率由中央政府确立，根据公式每个月自动分割。该笔收入也成为水平和垂直均等化的资金来源。

- 增值税分享补助：根据《年度预算法》来分配，转移支付数量由中央政府自由确定。

- 其他转移支付和补贴：《年度预算法》中所规定的特别资金。

20 世纪 90 年代初期以前，垂直财政差距在罗马尼亚相当明显。县和市镇乡政府缺乏赖以支撑其职能履行的自有收入来源，大多数的支出不得不通过中央政府的有条件补助方式来履行。1993 年《地方税法》通过之后，由于财产税成为了县政府最重要的收入来源，县政府对中央政府财政依赖度逐渐减少，1996—1998 年地方政府的自有收入比例在其总支出中缓慢提高到了 25%—30%。2000 年，由于引进了个人所得税分享制度，垂直财政差距得以进一步缓解。但 2001 年起，形势急转直下，原因在于中央政府开始将一些新的职能下放到地方政府，比如教师的工资和全国性的福利政策，对于地方政府而言，产生了一种强制性的指令性的支出。所以，地方支出在整个支出中的比重提高到了 40% 左右，而自有收入开始下降，垂直财政差距冲出新高。

县政府之间的水平财政差距在罗马尼亚同样明显，比如，2001 年，贫困县和富裕县的人均收入差别达到近 10 倍，县以下政府之间的差距则更大（见表 7-9）。

7.2.2　均等化制度

1998 年之前，罗马尼亚政府对于垂直均等化和水平均等化的界定以及通过何种措施实现两种均等化都不明晰，惟一明确的是希望通过某种正规标准的建立来尽可能地满足“社区的真实需要”。但问题在于所谓的标准是含糊的、缺乏法律效力的，并且是可协商和经常改变的，因而也就缺乏预见性和稳定性。

表 7－9　人均收入变异系数（自有收入＋PIF 分享）（2001 年）

USD/Cap	县	市镇乡
平均	8.6	33
最大	25.6	705
最小	2.9	1.2
标准离差 X 平均	0.48	0.9

资料来源：Sorin Ionită. 2003. *Halfway There*：*Assessing Intergovernmental Fiscal Equalization in Romania*. p51.

1998 年的财政分权改革使得罗马尼亚的垂直均等化和水平均等化制度有了各自的目标和工具。垂直均等化主要是通过个人所得税和增值税的收入分享解决垂直财政差距，而水平均等化则是通过对财政能力的测算来满足社区的需要。整个均等化制度力图贯穿以下几个基本原则：①简单、透明：可以打击寻租，也使规则容易遵守和执行；②硬预算约束：可以避免道德风险，或支出过多，或收入的不得力；③渐进性：改革和新规则的采用必须是渐进的，这样更符合罗马尼亚的国情；④全覆盖：既有中央政府与县政府之间的均等化，也有县政府与市、镇、乡政府之间的均等化。图 7－1 描绘了罗马尼亚的均等化制度设计。

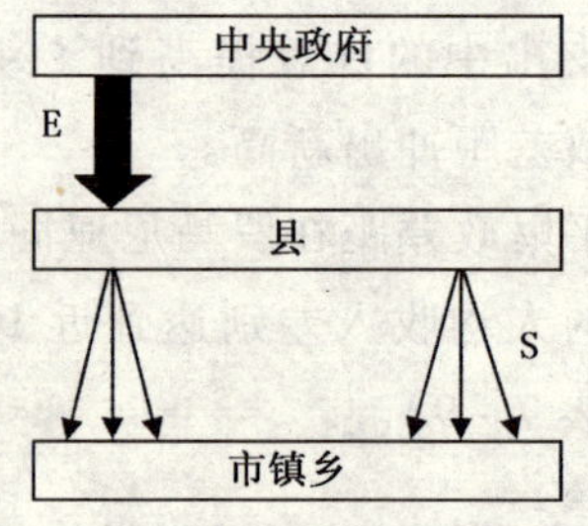

图 7－1　均等化制度的基本设计①

① 图中的 E 等于图 7－4 中的（3）与（4）之和；S 等于图 7－4 中的（8）。

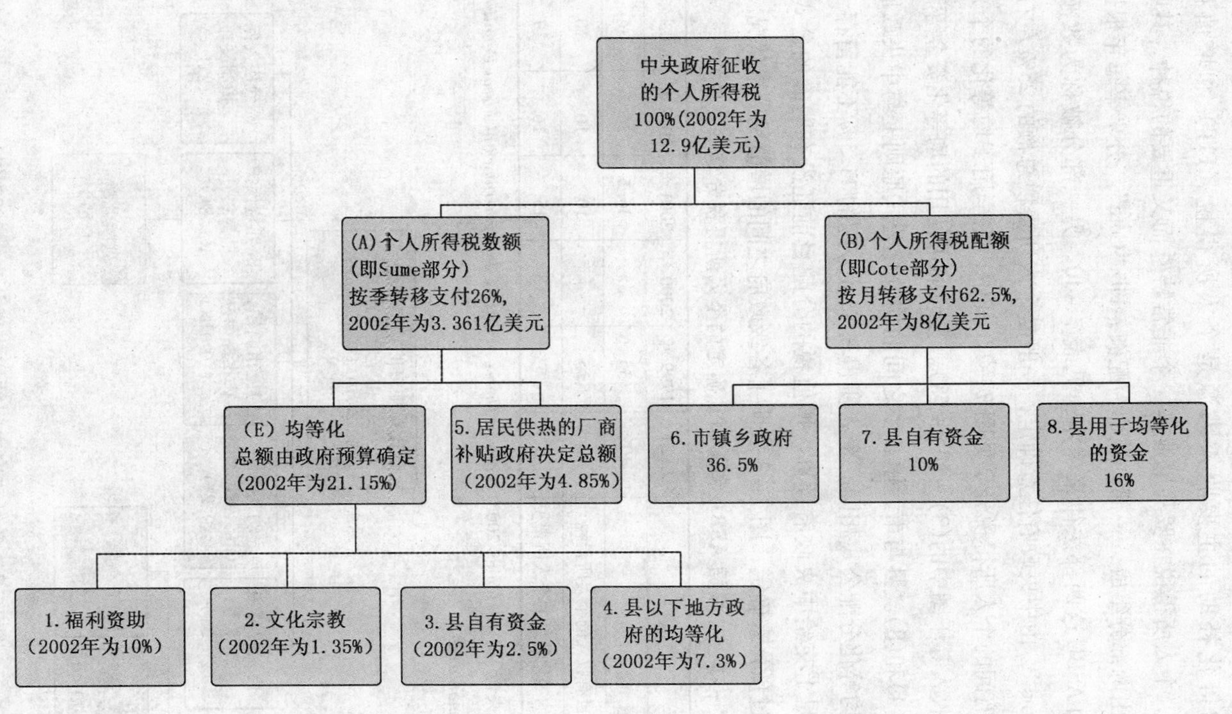

图7-2 各级政府之间的个人所得税分享(2002年)

均等化补助的主要收入来源是个人所得税（PIT）和增值税（VAT）。个人所得税在罗马尼亚是一个非常特殊而又重要的税种，其收入分享由两部分组成，一部分被称为配额，即“Cote”。分享率每年根据LLPF和ASBL这两部法律来确定，见表7－10。另一部分被称为数额，即“Sume”，由中央政府任意确定，一般是个人所得税总额的25%左右。各级政府间的个人所得税分享见图7－2。其中，完全用于均等化的个人所得税收入等于图中的(3)＋(4)＋(8)。县政府可使用的均等化资金等于图中的(4)和(8)。县与市、镇、乡之间的均等化公式原则上与中央政府对县的均等化分配公式相同。个人所得税未做分配的11.5%不能留存于地方而是上交给中央政府预算。增值税的分配目前还没有明确的公式，每年通过预算来确定，图7－3表明了各级政府之间的增值税分享状况。

表7－10　根据ASBL和LLPF确定的个人所得税分享率（%）

	LLPF	1999年	2000年	2001年	2002年	2003年
市镇	40	35	35	36.5	36.5	36
县，作为自有收入的个人所得税	10	15		10	10	10
县，作为均等化补助的个人所得税			15	15	16	17

资料来源：Sorin Ionită. 2003. *Halfway There：Assessing Intergovernmental Fiscal Equalization in Romania*. p43.

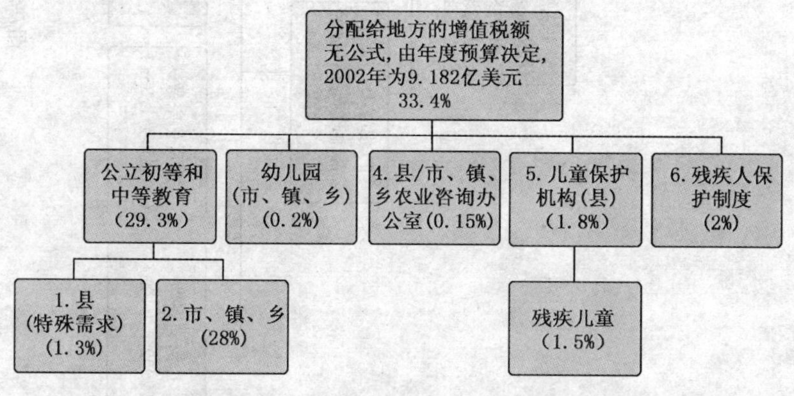

图7－3　各级政府之间的增值税分享（2002年）

水平均等化的制度设计要素是一个渐进的改变过程，最初除了财政能力以外，还考虑了诸如人口、房屋、残疾人等因素，2002 年之后，财政能力成为惟一的决定因素。见表 7－11。

表 7－11　　均等化的制度要素

	支出需求		财政能力
1999 年	人口、街道长度、房屋数量、供水和排污管道、在校学生、孤儿、残疾人	70%	30%
2000 年	人口、街道长度、房屋数量、供水和排污管道、在校学生、孤儿	70%	30%
2001 年	地方政府的面积、在校学生、孤儿、残疾人	30%	70%
2002 年			100%

资料来源：Sorin Ioniţă. 2003. *Halfway There：Assessing Intergovernmental Fiscal Equalization in Romania. p45.*

按照财政能力进行的县与市、镇、乡之间的均等化公式如下：

$$E_L = \frac{(OR_C/P_C)\ /\ (OR_L/P_L)\ \times P_L/P_C}{\sum\limits_{L=1}\left[\ (OR_C/P_C)\ /\ (OR_L/P_L)\ \times P_L/P_C\right]} \times E_C$$

其中，E_L——市（镇、乡）均的均等化补助额；

E_C——县均的均等化补助额；

OR_L——人均自有收入（包括个人所得税分享）——市、镇、乡；

OR_C——人均自有收入（包括个人所得税分享）——县；

P_L——市、镇、乡的人口；

P_C——县人口。

不过，在县以下的均等化进程当中，很少有县按照上述的公式测算市、镇、乡的财政能力并据此分配，因而引发了不少问题。

7.3　俄罗斯的均等化制度

尽管俄罗斯被视为一个国土面积广大的大国，但一般认为，它还缺乏作为联邦制国家的经验，所以仍然处于单一制向联邦制转轨的进程当中，其经济改革和经济关系的调整也尚在进行当中，因而在中央与地方政府间财政关系上还存在诸多问题和矛盾。

7.3.1 政府间财政关系

俄罗斯的多级政府结构为三级，俄罗斯联邦、地区政府（包括联邦主体、共和国、边疆区、州、直辖市、自治专区、自治州，相当于中国的省级建制）及地方政府。根据联邦立法，地区和地方政府支出的自由裁量权受到严格的限制，它们的支出责任可以分为三大类：

- 联邦法律分配的支出职责，见表 7－12；
- 联邦政府要求的强制性支出，如教育、儿童津贴等；
- 联邦政府的指令性支出——1992 年开始，联邦政府将许多社会福利支出，即指令性支出项目下放给地方政府，但在 2001 年之前却没有给地方政府提供相应的财力支持。2001 年则设立了联邦补偿基金给予财力补偿。

表 7－12 根据预算联邦主义计划制定的支出责任（2000—2005 年）

支出	联邦	地区	地方
价格补贴	部分食品和药品补贴	无	燃料、大众交通、食品（面包、牛奶），药品
福利补偿	承担部分责任	承担部分责任	依靠上级政府划拨的资金进行管理
环境	全国环境议题	地区环境难题（如森林保护）	地区环境难题（如农业）
经济政策	工业现代化、军转民、煤炭、联邦投资计划、特殊部门的补贴	特殊部门的补贴、投资、补助、税收福利	各种明补和暗补
	农业支持		
	基础设施市场的发展		

资料来源：Ildar Zoulkarnay. 2003. Fiscal Equalization Policy in the Russian Federation, Annex 3A－1.

转型进程中，俄罗斯联邦政府与地区和地方政府的支出责任划分发生了很大的变化。转型之前，在国民经济发展一类，联邦政府负担了近 80.8% 的支出，到了 1997 年则迅速下降到了 21.6%。地区政府在该领域的支出主要集中在工业和交通的补贴，地方政府则是居民住房的补贴。而在教育、文化和大众传媒等支出类别中，联邦政府的支出比例下降了近 30%。另外，根据联邦政府与一些共和国签署的双边协定，联邦政府甚至无需为教育和文化付出一分钱。

收入分享方面，转型以来的整个发展过程可分为四个阶段：

- 1992—1993 年：该阶段是以苏联的解体为特征，联邦政府没有任何改革计划，而地区政府必须与新联邦政府重新建立分享关系。
- 1994—1997 年：联邦政府试图与地区政府建立良好的财政关系，在此期间，引进了以公式为基础的联邦财政资助配置机制。
- 1998—2000 年：该阶段也被称为改革阶段。1998 年俄罗斯公布了《税收法典》，并从 2000 年开始生效，该法典呼吁以下变革：①增值税、个人所得税、企业所得税和消费税作为联邦税，继续实行与地区和地方政府的收入分享；②地区和地方政府失去了 20 世纪 90 年代中期所拥有的许多旧税的征税权；③地区政府再次得到一定程度的税收自治，但自治程度比 1994—1996 年期间要低。
- 2001 至今：进一步推行税收分享改革，联邦与地区和地方的税收分享比例根据经济发展需要而随时调整。

转型以来的税收分享情况（见表 7-13）。

7.3.2　均等化制度

俄罗斯真正意义上的均等化制度始于 20 世纪 90 年代末。整个均等化制度同罗马尼亚一样由两部分组成，即垂直均等化和水平均等化。垂直均等化旨在解决纵向不平衡，而水平均等化致力于横向不平衡。

表 7－13　联邦、地区和地方政府的税率分享（%）

<table>
<tr><th>税收</th><th>时期</th><th>联邦预算</th><th>地区预算</th><th>地方预算</th></tr>
<tr><td colspan="5">联邦税收</td></tr>
<tr><td rowspan="4">企业所得税（EPT）</td><td>1994 至 1999 年第 1 季度</td><td>13</td><td colspan="2">不超过 22，银行和金融企业不超过 30</td></tr>
<tr><td>1999 年第 2 季度至 2000 年</td><td>11</td><td colspan="2">不超过 19，银行和金融企业不超过 27</td></tr>
<tr><td>2001 年</td><td>11</td><td>不超过 19，银行和金融企业不超过 27</td><td>不超过 5</td></tr>
<tr><td>2002 年</td><td>7.5</td><td>14.5</td><td>2</td></tr>
<tr><td rowspan="3">增值税（VAT）</td><td>1994 至 1999 年第 1 季度</td><td>75</td><td colspan="2">25</td></tr>
<tr><td>1999 年第 2 季度至 2000 年</td><td>85</td><td colspan="2">15</td></tr>
<tr><td>2001—2002 年</td><td>100</td><td colspan="2">0</td></tr>
<tr><td rowspan="6">个人所得税（PIT）</td><td>1994 年</td><td>0</td><td colspan="2">100</td></tr>
<tr><td>1995—1996 年</td><td>10</td><td colspan="2">90</td></tr>
<tr><td>1997—1999 年</td><td>0</td><td colspan="2">100</td></tr>
<tr><td>2000 年</td><td>16</td><td colspan="2">84</td></tr>
<tr><td>2001 年</td><td>1</td><td colspan="2">99</td></tr>
<tr><td>2002 年</td><td>0</td><td colspan="2">100</td></tr>
<tr><td>伏特加、酒精、雪碧的消费税</td><td>1994 年至今</td><td>50</td><td colspan="2">50</td></tr>
<tr><td>其他消费税，进口物品、石油、小汽车除外</td><td>1994 年至今</td><td>0</td><td colspan="2">100</td></tr>
<tr><td rowspan="2">外币购买税</td><td>1997 年</td><td>100</td><td colspan="2">0</td></tr>
<tr><td>1998 年</td><td>60</td><td colspan="2">40</td></tr>
<tr><td>博彩税</td><td>1998 年至今</td><td></td><td></td><td></td></tr>
<tr><td>小企业税收</td><td>1996 年至今</td><td>整个收入的 3.33</td><td colspan="2">整个收入的 6.67</td></tr>
</table>

续表

税收	时期	联邦预算	地区预算	地方预算
联邦税收				
归集收益的税收	1998年至今	企业为25% 企业家为0	企业50% 企业家75%	
支持行业的特别企业税	1994年	80	20	
	1995年	67	33	
自然资源使用费				
(a) 烃资源	1995年至2001年	40	30	30
	2002年	80	20	0
(b) 水资源	1998年至今	40	60	
(c) 森林资源	1997年至今	40或0（根据砍伐地区而不同）	60或100（根据砍伐地区而不同）	
地区税				
企业财产税	1994年至今	0	50	50
销售税	1998年至今	0	40	60
地方税				
土地税	1994—1995年	20	20	60
	1996—2001年	30	20	50

资料来源：Lavrov 2001.

(1) 垂直均等化

垂直均等化采取的主要措施是税收分享和有条件的联邦补助。实际上，联邦和地区税收既是垂直均等化也是水平均等化的资金来源。用于均等化税收分享的主要税种包括：

- 增值税——联邦税，2000年之前总额的15%—25%分配给地区政府，2001年开始，全部纳入联邦预算。
- 个人所得税——联邦税，84%到100%分配给地区政府。
- 企业所得税——联邦税，2/3（或66%）分配给地区和地方政府。

- 消费税——联邦税，50% 到 100% 分配给地区和地方政府。
- 地区税——销售税；机构财产税。

1997 年通过的《地方自治政府财力基础法》对于上述用于均等化目的税收提出了某些要求。如地区政府必须在辖区范围内将至少 50% 的个人所得税和 5% 的企业所得税用于均等化，该比例同样适用于地方政府。

有条件补助主要为联邦指令性支出和联邦法律的执行提供资金，资金从联邦补偿基金（FFC）划拨到地区预算，再转移给地方政府。比如，2002 年，从 FFC 中划拨的有条件补助为 13 亿美元，用于 7 项社会福利项目（见表 7－14）。

表 7－14　2002 年以来从 FFC 中划拨的联邦指令性支出项目

	联邦指令性支出
1	联邦法律规定的有子女公民的福利支出
2	联邦法律规定的残疾人的社会保险支出
3	联邦法律规定的政治镇压的受害人的保护支出
4	联邦法律规定的苏联的英雄、俄罗斯联邦英雄和各级别的荣誉勋章获得者的支出
5	联邦法律规定的社会服务劳动模范和各级别的劳动模范的支出
6	切尔诺贝利核电泄露事故中受害的公民，以及核点测试区域的公民享受公共设施、电话服务、公共交通和铁路的折扣补偿
7	士兵、民兵、国际事务人员、税警和关税警察享受公共设施和通讯等服务的折扣补偿

资料来源：俄罗斯财政部，2001b。

在俄罗斯推行 2000—2005 年的 5 年改革计划当中，联邦政府试图将收入分享从原有的 49% 提高到 70%，同时赋予地区和地方政府更多的支出自由裁量权，这样的改革模式旨在缓解原有的垂直财政差距，从而提高地方公共服务供给的质量和数量（见图 7－4）。

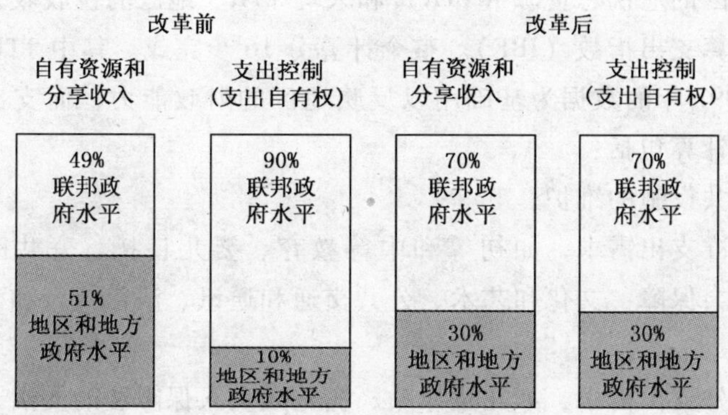

图 7－4　2000—2005 年改革前后俄罗斯联邦支出控制度和地区及地方政府的支出自由度

资料来源：Lavrov（2000）.

（2）水平均等化

俄罗斯的水平均等化经历了几个发展阶段：

- 1993 年之前，按照支出需求均等。均等化补助由联邦政府与地区政府谈判而决定。

- 1994—1999 年，按照人均收入均等。从 1994 年开始，俄罗斯试图将透明、稳定、客观等目标纳入到均等化制度当中，原有联邦政府与地区政府谈判确定均等化补助的模式首次被公式型的均等化制度代替。1994 年更是设立了地区财政支持基金（FFSR，Federal Fund for Support of Regions），一方面保证有稳定的资金分配给地区及地方政府，另一方面按照一系列的公式来分配资金。1999 年，政府再次更新了均等化方法，其主要原则是对地区的资助主要按照人均自有收入水平和历史支出水平决定。该阶段的公式设计只考虑到了实际收入和支出并没有考虑财政能力和支出需求。

- 2000 年，按财政能力均等，同时考虑支出需求。2000 年均等化制度设计发生了较大的改变，在计算当中着重考虑了以下因素：地区的应税总资源（TTR）和人均TTR、地区的税收收入、地区的预算支出指数（IBE）。整个计算分16步完成。其中TTR的计算以1997年的数据为基础用以反映地区的财政能力；而支出需求考虑的计算包括：

公共设施的维护；

标准支出需求，如初等和中等教育、婴儿日托、公共医疗设施、社会保障、文化和艺术、公共交通和通讯、法律执行和公共管理等；

额外支出需求，如儿童津贴、实施残疾人保障法的支出、实施退伍兵法的支出、电力补贴等。

- 2001年以来，按财政能力均等，同时考虑支出需求。对2000年的均等化公式进行了修订。FFSR中的转移支付资金分为了两部分，其中（0.8×FFSR）的部分旨在激励地区政府提高自有收入比重，另外（0.2×FFSR）的目标才定为保证最低水平的公共服务。与2000年的公式相比，最为重大的改变是对应税总资源的计算，更为复杂也更难以理解，整个程序（见图7－5）。

水平均等化的主要资金来源FFSR占整个联邦支出的比例变化（见表7－15）。

表7－15　　FFSR在俄罗斯联邦支出中的比重

年份	1994	1995	1996	1997	1998	1999	2000	2001	2002
比例	6.1	8.3	9.0	10.0	7.8	5.9	6.7	8.4	7.5

资料来源：Lavrov 2001 和 Zoulkarnay 2003.

7.4　小　结

罗马尼亚作为东欧国家的代表，俄罗斯作为苏联的代表，它们的均等化历程各有特色，也颇值得关注和借鉴。

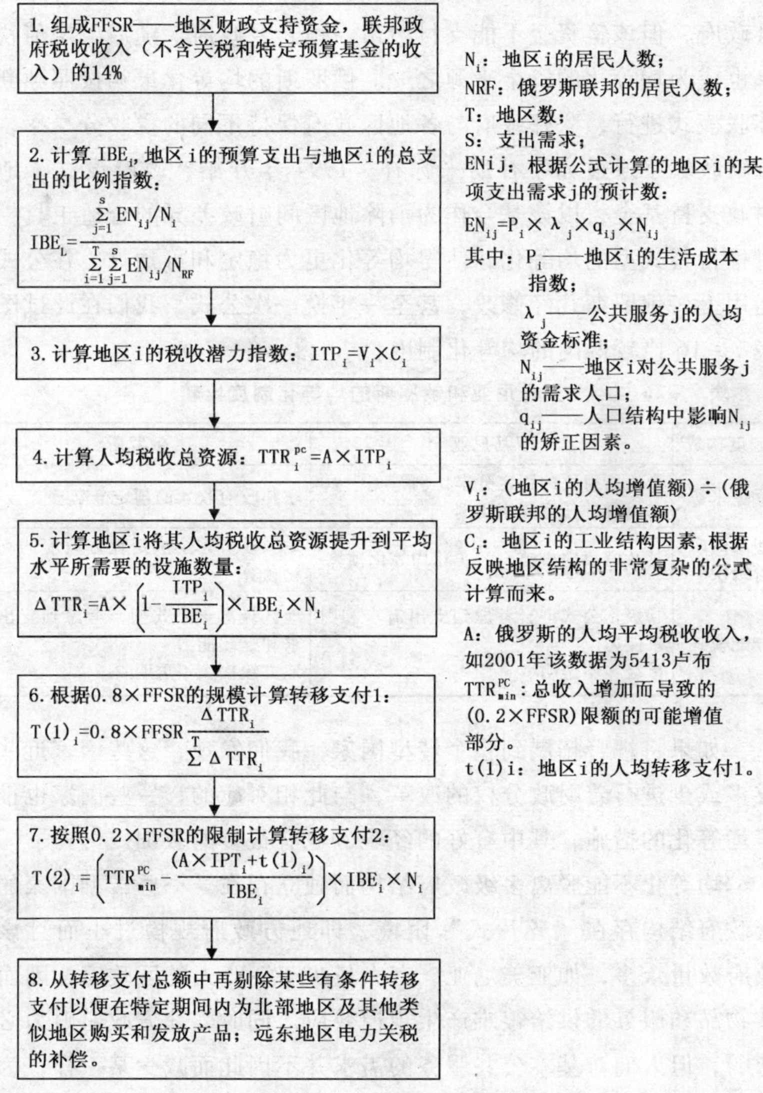

图 7－5　2001 年以来俄罗斯联邦的水平均等化程序

罗马尼亚的均等化实践最初通过随意性的税收分享机制而进

行，直到 1999 年，才开始按照固定的个人所得税分享比例分配给县政府，但该笔资金不能支付给市、镇、乡政府。随后，增值税分享也成为均等化的资金来源之一。俄罗斯的均等化最初按照独断的苏联模式进行，联邦政府与各地区政府保持不同的税收分享率，地方财政赤字通过赤字补助来弥补。1994 年开始，政府设立了地区财政支持基金，以该基金作为消除地区间财政差异的合适工具。同时推行公式型的均等化，使得均等化更为稳定和可预见。在公式的运用上，俄罗斯几经修改，甚至一年换一次公式。我们在此试图用表 7 – 16 比较两国的均等化制度。

表 7 – 16　　罗马尼亚和俄罗斯的均等化制度比较

制度构成	罗马尼亚	俄罗斯
资金来源	个人所得税的固定分享比例 增值税的任意分享比例	联邦政府收入的预定分享
涉及的政府级次	县政府决定市镇乡的实际均等化预算	地区政府完全决定地方政府的均等化预算
分配模式	县级：公式型，考虑到支出需求和财政能力 市级：不透明	地区级次：公式型，考虑到支出需求和财政能力 地方级次：不透明

如果将视野拓展到整个转型国家，我们发现，这些国家近些年或多或少进行着财政分权的改革，与此相对应的，一些国家也推行了均等化的措施，其中有好的经验，也有很多的教训。

均等化不能脱离多级政府结构而独立存在。一些转型国家的多级政府结构存在“碎片式”困境，即地方政府规模过小而且该类政府数量众多，如亚美尼亚，有大量少于 300 人的区政府，因而公共物品和服务的供给很难产生规模效应。同时，地方政府财力必然薄弱，但人们对基本公共服务的需求并不因此而减少某一样，为了解决这一矛盾，地方政府要么放弃物品和服务的提供而由中央政府代劳；要么就寻求中央政府的财政支持。不管哪种方式，都是地方政府的卸责，或无奈，或自愿。这样的模式还会产生连动效应，比如地方政府管理水平的局限，地方经济发展的局限等等。

均等化是为解决财政差距而存在，财政差距的产生有客观也有主观因素。主观因素在于中央政府在设计税收分享率时缺乏公平目标的考虑，也没有考虑到收入与支出需求的对应性。太低的地方政府分享率使得地方政府的收入水平难以满足辖区内人口的社会公共需要，从而不得不寻求中央政府的帮助；而且，地方政府无法通过分享率的安排来弥补支出责任与收入之间的缺口，只得依赖中央政府的直接转移支付。不仅如此，某些国家的分享率非常不稳定，必须每年根据中央政府的意愿来修改，这就使得地方政府的预算尤其是中期甚至短期预算问题重重。

在转型国家对水平均等化的需求似乎更为迫切，那么对均等化公式的设计及要素考量就尤其重要。一些国家也在不断地调整制度设计要素，从财政能力到人均收入再到支出需求，力图使公式更符合地方政府需要。同时它们的均等化实践在追求公平目标的同时，也向效率目标靠近，但总体来看，转型国家的均等化制度要达到少些冲突、更加稳定、更能满足民众需求的目标，道路似乎还相当漫长。

第 8 章
均等化在中国：基于泰尔指数的实证分析

第 4 章中我们已经得出了这样的结论：泰尔指数是测量均等与否的良好指标，为此本章将主要使用该指数对我国的均等化现状进行测量。又因为普遍认为的基本公共服务为基础教育、基本医疗和养老保障，所以我们的考察对象就圈定在这三类基本公共服务之上。泰尔指数相较于其他相对指标的优势在于它可以进行分解，从而可以比较组内和组间的差距。本章的重点在于考察一种趋势分析，除了时点的不均等之外，不均等的状态在我们提出均等化战略目标 3 年后的今天是否已有改善，值得期待。

8.1　基本经济面：不均等概况

按照最精确的二阶嵌套分析架构应该如图 8－1 所示。

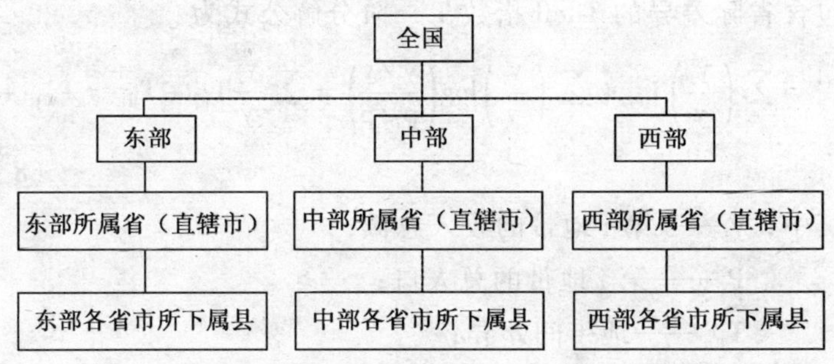

图 8 - 1　我国的二阶嵌套分析架构

但由于数据下探到各个县城基本没有准确统计，包括人口抽样、费用统计等，因此，我们只能按照一阶嵌套分析，将测算递进到省，或者说，省为本次测算的基本区域单元。

如此，以 Theil 指数 T 为例的一阶分解步骤（假设以收入为依据）可以表示为以下的几个公式：

$$T = \sum_{i=1}^{N} y_i \log \frac{y_i}{p_i} \tag{8-1}$$

其中，N——区域个数；

y_i——i 区域收入占全国的份额；

p_i——i 地区的人口占全国的份额。

将其可一阶分解为：

$$T_P = \sum_i \sum_j \frac{y_{ij}}{y} \log \frac{y_{ij}/y}{p_i/p} \tag{8-2}$$

其中，y_{ij}——第 i 地带第 j 省的收入；

y——所有省份的总收入；

p_{ij}——第 i 地带第 j 省的人口；

p——所有省份的总人口。

第 i 地带的省际差异如下：

$$T_{pi} = \sum_i \frac{y_{ij}}{y_i} \log \frac{y_{ij}/y_i}{p_{ij}/p_i} \tag{8-3}$$

包含省际差异的 Theil 指数 T 一阶分解公式为：

$$T_p = \sum_i \left(\frac{y_i}{y}\right) T_{Pi} + \sum_i \left(\frac{y_i}{y}\right) \log\left(\frac{y_i/y}{p_i/p}\right) = \sum_i \frac{y_i}{y} T_{pi} + T_{BR} = T_{WR} + T_{BR} \quad (8-4)$$

其中，y_i——第 i 地带的收入总额；

P_i——第 i 地带的总人口；

T_{BR}——地带间差异；

T_{WR}——地带内各省差异。

城乡人口数据由于只有 2000 年到 2005 年两次人口普查数据，因此采取按平均比例增长的形式来对其他年份数据进行补充，另外西藏在某些年份没有数据，因此采用相邻均值代替的方法。

对区域间的收入进行泰尔指数测算的结果表明：①区间贡献高于区内贡献，而且比值至少 1 倍以上，由此说明我国区域间经济发展差异的巨大，同时这也与改革开放以来沿海地区经济持续快速增长而内陆地区发展相对滞后的发展轨迹吻合。②三大区域中西部的不均等值最低，东部和中部相当。③东部和中部的不均等经历了先升后降的趋势，而西部则相反，是先降后升（见表 8－1 和图 8－2）。

表 8－1　　区域间收入的不均等（1997—2005 年）

列	年份	总	区内	区间	东	中	西	区内贡献	区间贡献
1	1997	0.083777	0.029572	0.054205	0.024203	0.003204996	0.002164191	0.35298	0.64702
2	1998	0.083277	0.028770	0.054507	0.024061	0.002822470	0.001886925	0.34548	0.65452
3	1999	0.089011	0.031385	0.057626	0.027545	0.002452567	0.001387542	0.35260	0.64740
4	2000	0.075583	0.024786	0.050797	0.021588	0.001952757	0.001244642	0.32793	0.67207
5	2001	0.090675	0.029669	0.061006	0.026047	0.002148003	0.001473887	0.32721	0.67279
6	2002	0.093612	0.028296	0.065316	0.024646	0.002212945	0.001437534	0.30227	0.69773
7	2003	0.098002	0.030205	0.067797	0.026503	0.002268496	0.001433633	0.30821	0.69179
8	2004	0.094484	0.028803	0.065681	0.025281	0.002075202	0.001447057	0.30484	0.69516
9	2005	0.082793	0.025006	0.057787	0.021826	0.001286108	0.001893744	0.30203	0.69797

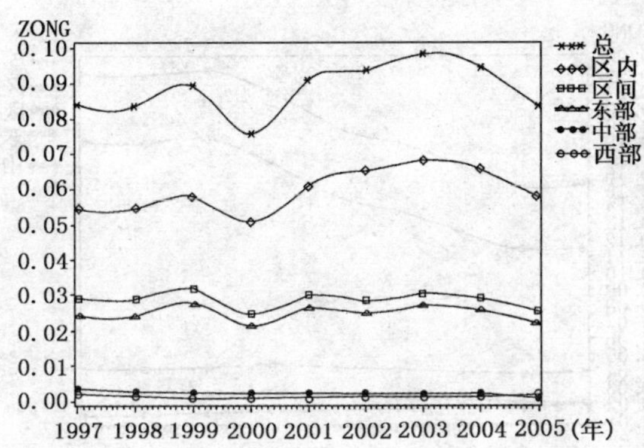

图 8－2　区域间收入的不均等（1997—2005 年）

城乡间的收入不均等程度相当剧烈，组间贡献约为组内贡献的 3—4 倍，而且差距在不断拉大。这与我国长期以来的二元经济格局相关：城镇一直享受着倾斜政策，包括各类旨在保证城市居民生活水平的转移性支付；而农村的社会保障和福利体制近几年才开始建立。不过值得关注的是城镇不均等指数基本处于升势；相反，农村的不均等指数在下降（见表 8－2 和图 8－3）。

表 8－2　　**城区间收入的不均等**（1997—2005 年）

列	年份	总	组内	组间	城镇	农村	区内贡献	区间贡献
1	1997	0.15459	0.039711	0.11488	0.019933	0.019777	0.25688	0.74312
2	1998	0.15333	0.038653	0.11467	0.020604	0.018049	0.25209	0.74791
3	1999	0.16647	0.039917	0.12656	0.022271	0.017646	0.23978	0.76022
4	2000	0.17973	0.041321	0.13841	0.023901	0.017420	0.22991	0.77009
5	2001	0.18985	0.042003	0.14785	0.024988	0.017014	0.22124	0.77876
6	2002	0.21142	0.044017	0.16741	0.028425	0.015591	0.20819	0.79181
7	2003	0.22432	0.042098	0.18222	0.027115	0.014984	0.18767	0.81233
8	2004	0.22147	0.041691	0.17978	0.027977	0.013715	0.18825	0.81175
9	2005	0.22269	0.041737	0.18096	0.028196	0.013541	0.18742	0.81258

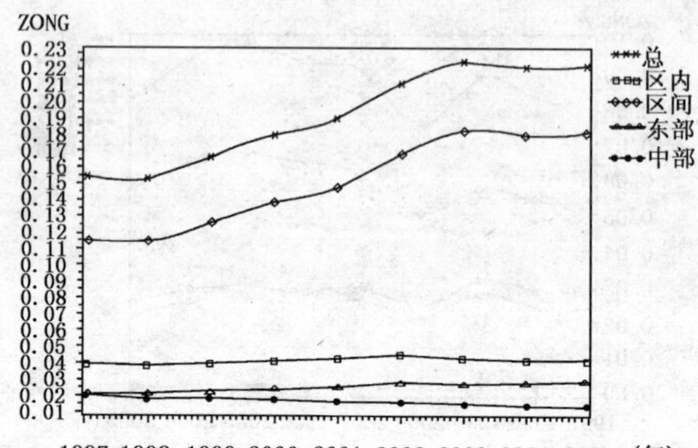

图 8－3　城乡间收入的不均等（1997—2005 年）

省际之间的不均等同样存在。不过与上述区域、城乡不同的是，省内贡献高于了省际贡献，且呈升势（见表 8－3 和图 8－4）。

表 8－3　省际间收入的不均等（1997—2005 年）

列	年份	总	省内	省际	省内贡献	省际贡献
1	1997	0.15459	0.08607	0.068518	0.55678	0.44322
2	1998	0.15333	0.08658	0.066747	0.56468	0.43532
3	1999	0.16647	0.09495	0.071524	0.57036	0.42964
4	2000	0.17973	0.10415	0.075583	0.57946	0.42054
5	2001	0.18985	0.11215	0.077703	0.59071	0.40929
6	2002	0.21142	0.13021	0.081209	0.61589	0.38411
7	2003	0.22432	0.14032	0.084004	0.62552	0.37448
8	2004	0.22147	0.13897	0.082503	0.62747	0.37253
9	2005	0.22269	0.13992	0.082771	0.62832	0.37168

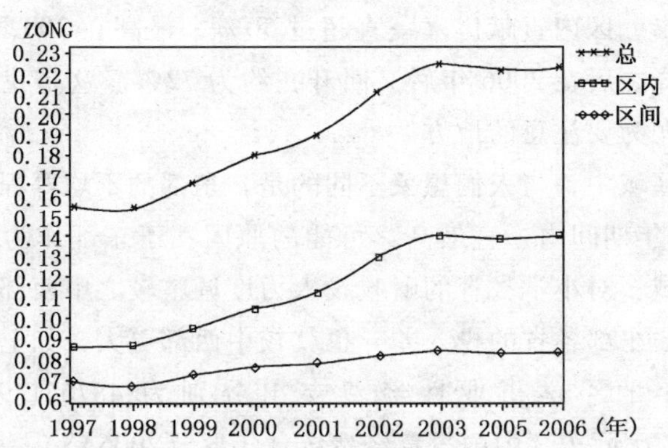

图8－4　省际收入的不均等（1997—2005年）

上述以收入为基本变量的泰尔指数测量表明，我国区域、城乡、省际经济发展不均等是毋庸置疑的事实。由于基本经济状况的多方位不均等，直接或间接地影响了区域、城乡、省际提供公共服务的能力，从而也致使我国的基本公共服务出现多方位的不均等。

8.2　基础教育服务：不均等概况

尽管基础教育服务有相当广泛的内涵，本书仍将基础教育服务定位为小学和初中教育，一方面，它们是基础教育最为核心的构成，它们的均等议题也最为迫切；另一方面，小学和初中教育的数据统计较之其他基础教育更为详实可靠，如此测算才更为真实可信。

从区域的视野来看，小学教育的区域不均等从1995年以来除个别年份有些跳跃之外基本呈现下降的总趋势，特别是若以均等化战略提出的2005年为分水岭，我们可以清晰地看到这种变化。区内和区间相比较，区内的不均等远远高于区间的不均等。从表8－4

中可以看出，区内贡献比率一直超过50%，最高在2002年，将近80%；下降之后在2006年后又回升，约为72%。这是我们实行均等化措施尤为要注意的地方。

三个区域中，与人们想象不同的是，东部的不均等程度在我们考察的12年期间内一直最高。可能的原因在于东部作为财力最为丰沛的区域，对小学教育的财政投入力度调整较之中西部有更大的弹性空间，东部各省的投入差异也就较中西部更大，如上海和江苏在2006年的小学事业性经费支出分别为487651.9万元和1341707.6万元（《中国教育经费统计年鉴（2006）》）。

初中教育的不均等是在经历了7年比较平稳的态势之后，于2003年突然地提升而后下降，并且在2003年之前，初中教育的不均等数值普遍低于小学教育，或者其不均等程度是弱于小学教育的。但从2003年开始，初中教育不均等明显比小学教育程度高。同小学教育一样，区内的不均等一直高于区间的不均等，东部的不均等程度也高于中西部。从2003年开始，初中教育不均等明显比小学教育程度高。同小学教育一样，区内的不均等一直高于区间的不均等，东部的不均等程度也高于中西部（见表8－4、表8－5和图8－5、图8－6）。

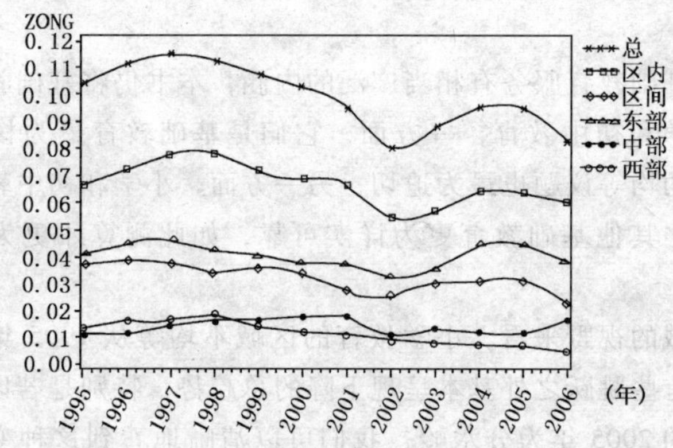

图8－5　小学教育事业经费的区域不均等（1995—2006年）

表8-4　　小学教育事业经费的区域不均等（1995—2006年）

列	年份	总	区内	区间	东	中	西	区内贡献	区间贡献
1	1995	0.10418	0.066607	0.037572	0.041586	0.011657	0.013364	0.63935	0.36065
2	1996	0.11165	0.072888	0.038759	0.044991	0.011537	0.016360	0.65284	0.34716
3	1997	0.11513	0.077830	0.037298	0.046571	0.015006	0.016252	0.67603	0.32397
4	1998	0.11255	0.078001	0.034549	0.043153	0.016614	0.018235	0.69304	0.30696
5	1999	0.10846	0.071837	0.036624	0.040763	0.016741	0.014333	0.66233	0.33767
6	2000	0.10290	0.068843	0.034054	0.037999	0.017815	0.013029	0.66905	0.33095
7	2001	0.09504	0.067210	0.027832	0.037503	0.018283	0.011424	0.70716	0.29284
8	2002	0.08063	0.054531	0.026100	0.033385	0.011196	0.009950	0.67630	0.32370
9	2003	0.08792	0.057388	0.030577	0.035945	0.013061	0.008332	0.65220	0.34780
10	2004	0.09530	0.063795	0.03102	0.044487	0.011929	0.007379	0.66944	0.33065
11	2005	0.09530	0.063795	0.031502	0.044487	0.011929	0.007379	0.66944	0.33056
12	2006	0.08267	0.060252	0.022420	0.038053	0.016613	0.005586	0.72811	0.27119

表8-5　　初中教育事业经费的区域不均等（1995—2006年）

列	年份	总	区内	区间	东	中	西	区内贡献	区间贡献
1	1995	0.06579	0.48334	0.017457	0.034392	0.005698144	0.008244	0.73467	0.26533
2	1996	0.08112	0.059404	0.021720	0.040342	0.005852285	0.013210	0.73226	0.26774
3	1997	0.08997	0.065408	0.024566	0.047466	0.006029602	0.011913	0.72696	0.27304
4	1998	0.08558	0.057861	0.027724	0.038030	0.006339377	0.013491	0.67606	0.32394
5	1999	0.08414	0.054152	0.029987	0.037061	0.005712682	0.011379	0.64360	0.35640
6	2000	0.08688	0.053007	0.033873	0.036906	0.006844965	0.009256	0.61012	0.38988
7	2001	0.08274	0.053936	0.028802	0.037596	0.008171849	0.008168	0.65189	0.34811
8	2002	0.08071	0.051123	0.029591	0.035905	0.007008112	0.008209	0.63338	0.36662
9	2003	0.11619	0.069178	0.047016	0.056484	0.005806274	0.006887	0.59537	0.40463
10	2004	0.11374	0.064483	0.049255	0.052368	0.006328444	0.005786	0.56694	0.73306
11	2005	0.10989	0.066355	0.043532	0.051671	0.008585150	0.006100	0.60385	0.39615
12	2006	0.09185	0.057045	0.034801	0.042236	0.009790551	0.005018	0.62109	0.37891

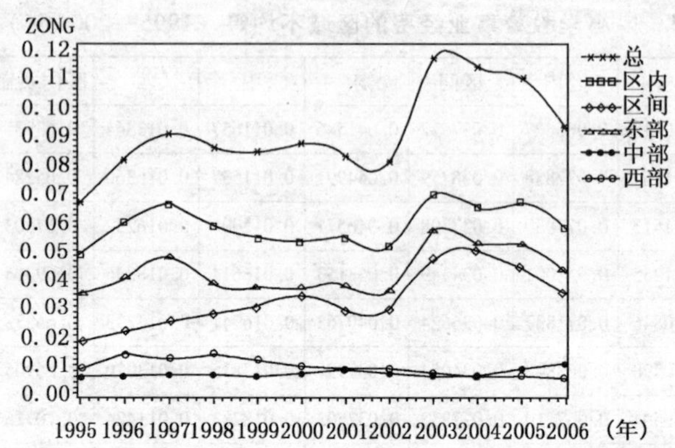

图 8-6　初中教育事业经费的区域不均等（1995—2006 年）

各省的分析，由于数据的缺乏，我们的测算停滞在了 2003 年，所以无法比较 2005 年，即均等化战略提出前后的不均等程度，只有寄希望于后续的研究。从这几年的总趋势来看，小学教育和初中教育的不均等呈下降态势，同时省内的不均等普遍超过了省际的不均等，而且各年的贡献比率都超过 50%。省内不均等的确与省内各市、县、乡、村的财力不均衡有关，但是由于中国普遍缺乏省一级的转移支付制度，致使省级政府在纠正和平衡地区间的基础教育服务不均等的努力缺少了制度和财力保障。不过，我们同时也看到省内贡献呈下降趋势，省际贡献逐年上升。这可能是因为各省政府基本公共服务供给能力的提升，以及矫正省内不均等的力度加强（见表 8-6、表 8-7 和图 8-7、图 8-8）。

表 8-6　小学教育事业经费的省际与省内不均等（1999—2003 年）

列	年份	总	省内	省际	省内贡献	省际贡献
1	1999	0.31557	0.20711	0.10846	0.65630	0.34370
2	2000	0.30323	0.20033	0.10290	0.66066	0.33934
3	2001	0.27855	0.18351	0.09504	0.65880	0.34120
4	2002	0.23954	0.15865	0.08089	0.66233	0.33767
5	2003	0.2070	0.25673	0.08792	0.57548	0.42452

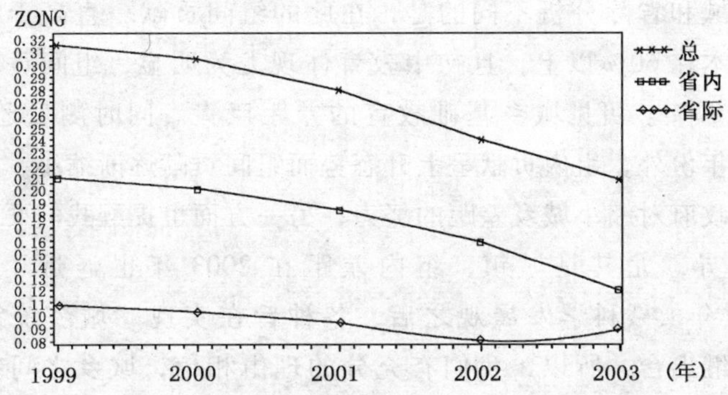

图 8－7　小学教育事业经费的省际与省内不均等（1999—2003 年）

表 8－7　初中教育事业经费的省际与省内不均等（1999—2003 年）

列	年份	总	省内	省际	省内贡献	省际贡献
1	1999	0.38299	0.31292	0.070066	0.81705	0.18295
2	2000	0.39406	0.32043	0.073625	0.81316	0.18684
3	2001	0.36856	0.29735	0.071210	0.80679	0.19321
4	2002	0.32593	0.25673	0.069198	0.78769	0.21231
5	2003	0.27809	0.18032	0.097767	0.64843	0.35157

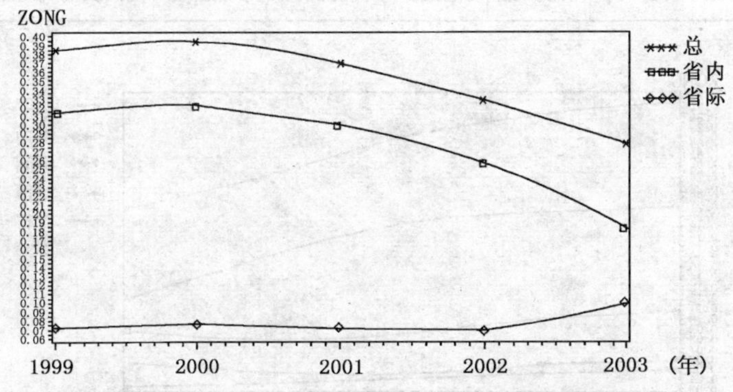

图 8－8　初中教育事业经费的省际与省内不均等（1999—2003 年）

基础教育服务的城乡不均等在小学和初中阶段都呈下降趋势。

但与区域和省际分析不同的是，在此的组间贡献一直高于组内贡献，基本在60%以上，且初中教育体现尤为明显，组间贡献最高达到了80%。可见城乡基础教育的差距巨大。同时测量还发现，除个别年份外，组内贡献呈上升态势而组间贡献逐渐缩小，这一方面说明政府对缩小城乡差距的努力，另一方面也提醒我们要关注组内的差异，尤其是城镇，组内差距在2003年也逼近了80%。在2003年实践科学发展观之后，各种旨在实现“城乡统筹”的措施相继出台，所以，我们有充分的理由相信，城乡之间基础教育服务的差距会不断缩小（见表8-8、表8-9和图8-9、图8-10）。

表8-8 小学教育事业经费的城乡不均等（1999—2003年）

列	年份	总	组内	组间	城镇	农村	组内贡献	组间贡献
1	1999	0.31557	0.10571	0.20986	0.058178	0.047533	0.33499	0.66501
2	2000	0.30323	0.09888	0.20434	0.053729	0.045152	0.32610	0.67390
3	2001	0.27855	0.08430	0.19425	0.045100	0.039201	0.30264	0.69736
4	2002	0.23954	0.07948	0.16008	0.045586	0.033874	0.33172	0.66828
5	2003	0.20709	0.08782	0.11927	0.055017	0.032803	0.42406	0.57594

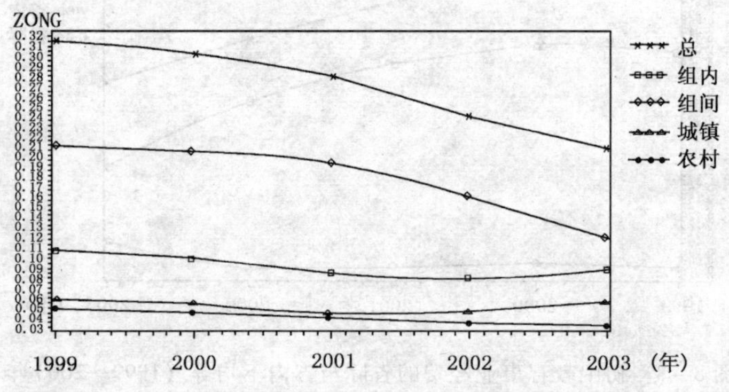

图8-9 小学教育事业经费的城乡不均等（1999—2003年）

表 8－9　初中教育事业经费的城乡不均等（1999—2003 年）

列	年份	总	组内	组间	城镇	农村	组内贡献	组间贡献
1	1999	0.38299	0.08628	0.29670	0.059578	0.026703	0.22529	0.77471
2	2000	0.39406	0.08437	0.30969	0.060201	0.024165	0.21410	0.78590
3	2001	0.36856	0.07358	0.29498	0.052564	0.021017	0.19965	0.80035
4	2002	0.32593	0.07783	0.24810	0.058654	0.019175	0.23879	0.76121
5	2003	0.27809	0.010298	0.17511	0.078094	0.02483	0.37031	0.62969

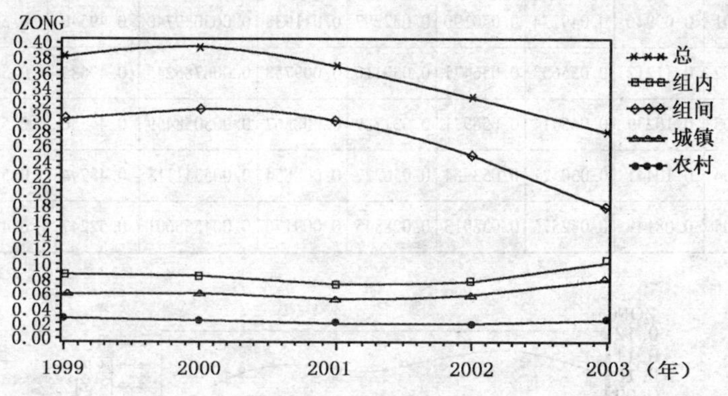

图 8－10　初中教育事业经费的城乡不均等（1999—2003 年）

8.3　基本医疗服务：不均等的概况

基本医疗服务的不均等态势比基础教育更为严重。新中国成立以来直至 20 世纪 70 年代的基本医疗服务的普及在 80 年代初开始实行第一轮医改之后转变成为极度的不均等。第一轮医改其指导思想是“多给政策少给钱”，这种改革思路直接催生出了公立医院体系的大规模成本转嫁和市场逐利。我们在此选择了卫生事业费作为测量的基本数据。区域的不均等相当明显，西部最高，东部次之，中部最低，说明西部基本医疗服务亟待发展。从整个趋势来说，

2005 年东部和西部的不均等状况呈下降态势，而中部有所上升。区内贡献和区间贡献相比较，区内贡献在 2005 年之前一直小于区间贡献，但在 2005 年超过了区间贡献。这说明区域之间的不均等有所缓解的同时，各个区域内部的不均等再加剧（见表 8－10 和图 8－11）。

表 8－10　卫生事业费的区域不均等（2001—2005 年）

列	年份	总	区内	区间	东	中	西	区内贡献	区间贡献
1	2001	0. 09946	0. 049274	0. 050190	0. 032297	0. 011938	0. 005039740	0. 49540	0. 50460
2	2002	0. 11212	0. 055653	0. 056471	0. 039110	0. 009758	0. 006785245	0. 49635	0. 50365
3	2003	0. 10239	0. 045414	0. 056971	0. 031789	0. 008567	0. 005058459	0. 44356	0. 55644
4	2004	0. 10441	0. 050421	0. 053984	0. 036227	0. 008854	0. 005341115	0. 48294	0. 51706
5	2005	0. 08149	0. 042576	0. 038913	0. 028845	0. 009176	0. 004555601	0. 52247	0. 47753

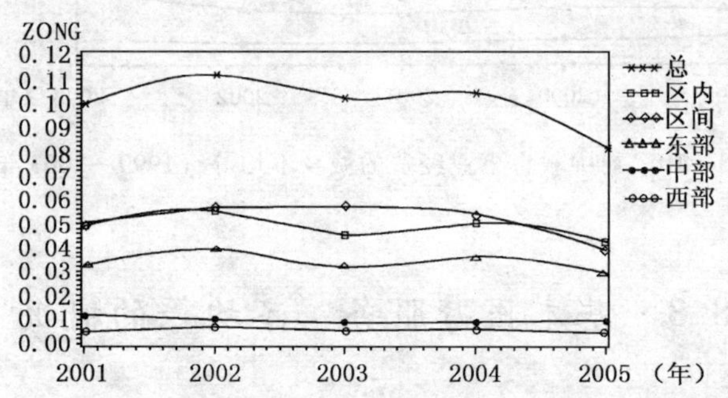

图 8－11　卫生事业费的区域不均等（2001—2005 年）

对省份的考察结果是：无论省内还是省际，不均等到了 2005 年都呈下降趋势。省内贡献一直高于省际贡献约 1 倍左右（见表 8－11 和图8－12）。

城乡的不均等趋势同上述一样，在 2005 年呈下降趋势。但组内与组间的贡献差异相当巨大，约 0. 6—0. 7，由此可见，我国城乡基本医疗服务的巨大差距，所以，农村基本医疗服务均等化相当迫切（见表 8－12 和图 8－13）。

表 8－11　卫生事业费的省际不均等（2001—2005 年）

列	年份	总	省内	省际	省内贡献	省间贡献
1	2001	0. 25062	0. 16243	0. 08819	0. 64813	0. 35187
2	2002	0. 29601	0. 19507	0. 10094	0. 65899	0. 34101
3	2003	0. 28516	0. 19595	0. 08921	0. 68715	0. 31285
4	2004	0. 27966	0. 18628	0. 09338	0. 66611	0. 33389
5	2005	0. 23647	0. 15501	0. 08145	0. 65554	0. 34446

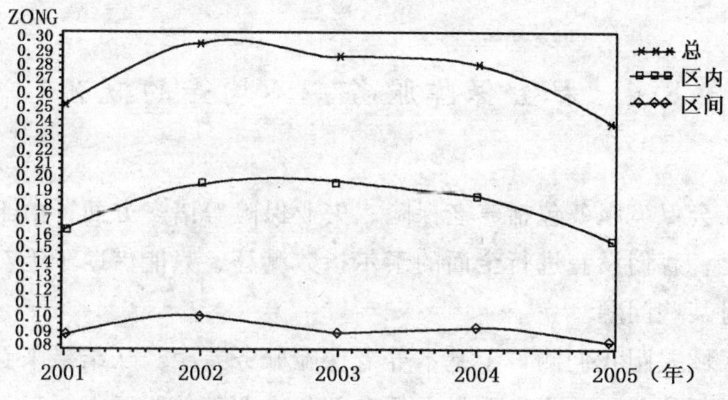

图 8－12　卫生事业费的省际不均等（2001—2005 年）

表 8－12　卫生事业费的城乡不均等（2001—2005 年）

列	年份	总	组内	组间	城镇	农村	组内贡献	组间贡献
1	2001	0. 25062	0. 050316	0. 20030	0. 026654	0. 023662	0. 20077	0. 79923
2	2002	0. 29601	0. 051636	0. 24437	0. 031525	0. 020111	0. 17444	0. 82556
3	2003	0. 28516	0. 044652	0. 24051	0. 027504	0. 017148	0. 15659	0. 84341
4	2004	0. 27966	0. 047562	0. 23210	0. 029855	0. 017707	0. 17007	0. 82993
5	2005	0. 23647	0. 043293	0. 19317	0. 026349	0. 016944	0. 18308	0. 81692

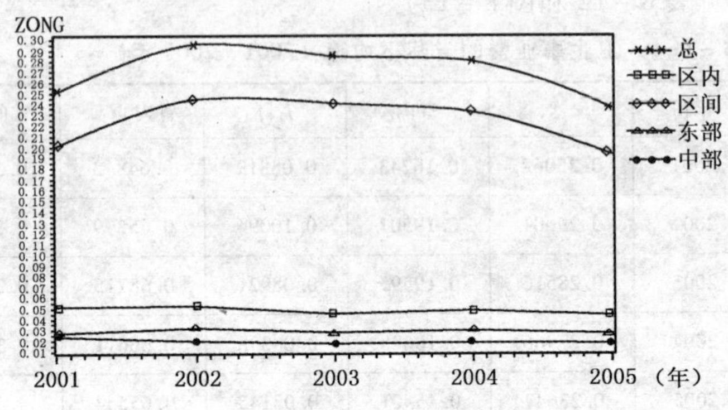

图 8－13　卫生事业费的城乡不均等（2001—2005 年）

8.4　社会保障服务：不均等的概况

社会保障服务包括养老保险、失业保险等诸多方面，由于数据的缺乏，我们没有进行全面的泰尔指数测算，只能借助于绝对指标来折射某些问题。

区域差距我们测算了基本养老保险服务差距。从结果来看，中部和西部的差距并不太明显，但东部与中西部差距巨大。三个区域相比较，东部的不均等程度最高，中部次之，西部最低。区内贡献远远高于区间贡献，达到 0.5 左右。而且区间贡献呈不断下降趋势，相反呈上升趋势（见表 8－13 和图 8－14）。

表 8－13　基本养老保险的区域差距（2000—2005 年）

列	年份	总	区内	区间	东	中	西	区内贡献	区间贡献
1	2000	0.027848	0.021620	0.006227179	0.015208	0.003452214	0.002960053	0.77638	0.22362
2	2001	0.033837	0.023958	0.009879344	0.016294	0.004622269	0.003041752	0.70803	0.29197
3	2002	0.019237	0.014771	0.004466152	0.010937	0.001677619	0.002156602	0.76784	0.23216
4	2003	0.026207	0.019930	0.006277591	0.014641	0.002483871	0.002805328	0.76046	0.23954
5	2004	0.021012	0.016857	0.004155323	0.012386	0.002831187	0.001639248	0.80224	0.19776
6	2005	0.018002	0.015421	0.002580920	0.011147	0.003037160	0.001237074	0.85663	0.14337

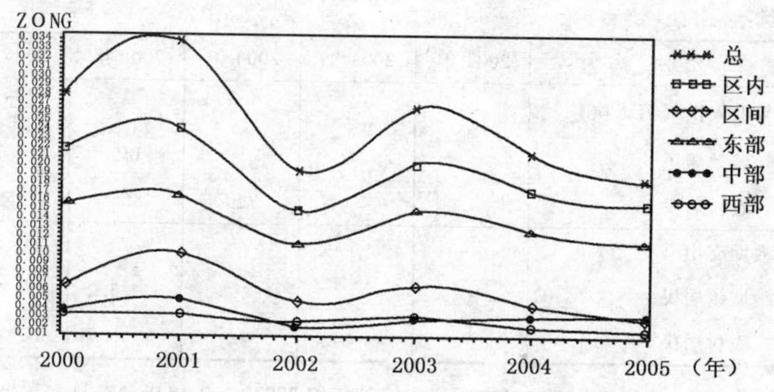

图 8－14　基本养老保险的区域差距（2000—2005 年）

城乡差距我们试图用表 8－14 来说明。从表中不难看出政府致力于减少城乡差距的努力。享受最低生活保障的人数在城市近 5 年来变化基本不大，而在农村呈现 5 倍的增长。当然如果考虑到整个城市总人口和农村总人口，农村居民参加最低生活保障的比例还是低于城市居民。最低生活保障平均标准城市基本上逐年提高，而农村则经历了从无到有的过程。从享受医疗救助来看，农村居民享受的次数和所花费的救助支出都高于城市，如同最低生活保障一样，如果考虑到与各自总人口的相对比例，或按照人均来测算，农村未必有优势。

表 8－14　　　　**社会救助情况**

类别	2002 年	2003 年	2004 年	2005 年	2006 年
最低生活保障人数（万人）					
城市居民	2065	2247	2205	2234	2240
农村居民	300	367	488	825	1593
最低生活保障平均标准（元/月，人）					
城市居民		160.0	152.0	156.0	173.9
农村居民				76.0	70.9

续表

类别	2002 年	2003 年	2004 年	2005 年	2006 年
医疗救助人次（万人次）					
城镇居民				115	187
农村居民			729	855	1559
医疗救助支出（亿元）					
城镇居民				3.2	5.1
农村居民				5.7	8.9

资料来源：中国卫生部：《中国卫生统计年鉴 2007》，中国协和医科大学出版社 2008 年版，第 351 页。

8.5 小　结

本章主要采取了泰尔指数对我国基本公共服务的均等现状进行实证分析。最初的研究思路是以 2005 年这一均等化提出年份为分水岭，比较该年前后的均等化状态，从而可以看出均等化的效果。但数据的缺乏使我们的部分研究停滞，只有寄希望于后续的研究。

对三种基本公共服务的考察传递给我们一个相当明确的信号：我国的基本公共服务不均等广泛存在于区域、省际和城乡之间。但有趣的是，区域和省际的测算结果表明组内贡献普遍高于组间贡献，或者说区域内部的不均等、各省内部的不均等较之区域之间和省份之间要严重得多。这是我们在实施均等化战略时要慎重考虑的现实。我国的均等化如果仅停留以省这种行政单位为基础的层面显然是不够的，必须深度挺进到以县为行政单位，甚至以乡为行政单位的层面，一如其他国家的做法。

城乡考察的结果恰好相反，组间贡献远远大于组内贡献，由此可见，我国城乡之间长期以来根植于二元经济格局的巨大差异。在致力于实现科学发展观所提出的“城乡统筹”的进程当中，如何消除这种巨大的公共服务差距的确任重而道远。但我们也欣喜地看到，这种差距的趋缓，并有理由相信趋缓势头的延续。

第 9 章
均等化在中国：制度建设思路与框架

2005 年我国将基本公共服务均等化提升到“十一五”规划的战略高度，一方面彰显了我国政府在科学发展观的引领下创建“以人为本”的和谐社会的韬略，另一方面，也是完善公共财政体制建设更好地促进社会主义市场经济发展的必由之路。有关于均等化实施的研究正如前文所述，已有相当多的成果。本章仅希望在前几章的理论概述、国际视野和对我国的实证分析的基础上为我国均等化的制度建设提供更广的思路和更多的选择。

9.1 均等化在中国：制度建设目标与实施步骤

均等化的实施要解决的首要问题是制度建设目标与实施步骤，

因为目标描绘制度建设的方向，而步骤界定了制度建设的步伐和速率。

9.1.1　制度建设目标

制度建设历来是一个长期而渐进的历程，所以目标的设立也应该是分阶段和循序渐进的，即应分设短期、中期和长期目标。

短期目标可归纳为：

• 稳定，即用于均等化的资金应有稳定来源，或设立专门的基金（如俄罗斯的地区财政支持资金）；或规定一个最低总额，然后每年在此基础上递增（如加拿大规定 2004 年的均等化资金总额为 10.9 亿加元，以后每年在此基础上递增 3.5%，直至 2014 年）；或将来自于某几个税种的一定比例用于均等化（如罗马尼亚）等。

• 充足，即均等化的资金安排能满足地方政府提供基本公共服务的需要，能让地方政府有足够的资金履行其负担的中央政府指定的基本职责。

• 简单，即均等化制度设计应简单，易于理解也易于操作，从而减少行政管理成本、遵从成本，也减少了寻租的可能。

• 公平或均等，即资金在各区域、各省（市、区、县）、城乡之间的公开和公平的配置，资金的分配应与财政需求因素直接相关，而与每个地方政府的财政能力成反比。

• 效率，即力图达到成本—收益和成本—效益的标准，同时拨款机制在涉及地方政府对资源分配的选择问题上保持中立。

• 可预见性，即地方政府对于自身可以获取的均等化资金配置是可以预见的，而不是来自于中央政府主观随意的决定。

中期目标则是在上述目标的基础上，再考虑更多的要素：

• 避免地方政府的过度依赖：均等化实施之后，很容易出现的一个问题就是其补助成为满足地方政府履行服务需求的主要资金来源，或者说均等化的职能演变成了地方政府需求的“代理品”，一旦如此，整个均等化制度将难以控制也难以支撑巨大的地方政府需求。

- 一定程度的弹性：在无损均等化制度稳定健全的基础上，中央政府可考虑增添适当的弹性，这是因为随着时间的推进，政府间财政关系可能会发生变化，地方政府的财政能力和支出需求也会变化，而先前所设计的公式等未必能完全符合上述的变化。

- 更为精确的指标体系：随着数据库的完善和数据处理能力的提高，所选择的测量地方政府财政能力和支出需求的要素也应更能反映地方政府的真实状况，由此需要更为完备和精确的指标体系，不过，指标仍然要易于测量而且数据必须置于公众视野之下。

长期目标是在上述所有目标的基础上，再叠加一些考虑因素：

- 激励：均等化制度可以鼓励地方政府提高其财政努力程度、财政能力和财政管理水平。

- 绩效：在均等化制度中植入绩效理念，以产出和结果衡量地方政府对资金的配置和运用情况，关注地方政府公共服务供给的业绩，防止资金的无效使用。

- 协调性：均等化只是整个转移支付体系的一部分，也只是整个公共财政体制建设的一部分，由此，其建设和实施不能与其他转移支付手段的目标相冲突，也不能与公共财政体制建设的目标相违背，而是能与其他转移支付手段相配合相协调，还能促进公共财政体制的完善。

还需指出的是，上述目标众多，而且之间可能存在矛盾，因而要求政府根据形势和需要，同时比较各个不同因素来分配目标的优先权，并及时调整优先权，甚至可以在某个年度或某段时间集中实现某个单一目标（见图 9－1）。

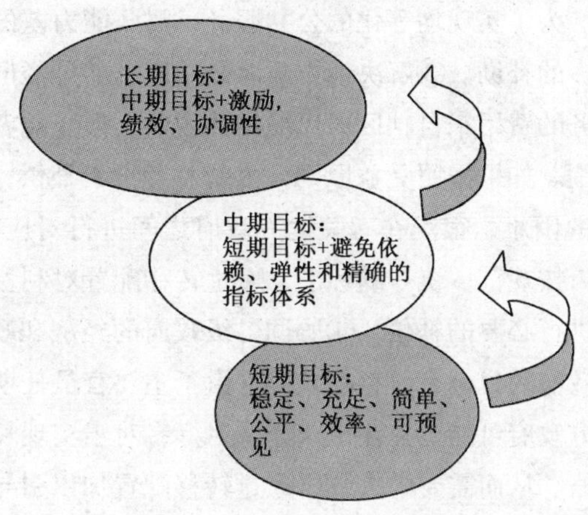

图 9－1　均等化的制度目标

9.1.2　实施步骤

均等化制度，应该说是整个财政资源配置体系的一个组成部分，其实施步骤既要考虑到整个财政资源配置体系的配置进程，也要考虑到其自身的特殊需要。

一般来讲，财政资源的转移配置主要体现四个功能：[①] ①调整财力分配的纵向不均衡。中央政府拥有主要税基，而较小税基在地方政府，使地方政府在体制设计上留有财力缺口以待中央政府的调控性补助。同时，地方政府提供了包含基础教育在内的大量公共服务，直接支出负担较重，由此需要中央政府转移配置。②调节财力分配的横向不均衡。各地区资源禀赋和财源结构的不均衡，加之经济发展和人口密度因素，各地的财政能力和支出需求不同，使得在同等征税努力之下提供公共服

① 审计署财政司课题组："政府间转移支付制度理论概述"，《中国审计》2001 年第 8 期；周可："完善政府间转移支付制度的构想"，《兰州学刊》2002 年第 1 期；李武杰、金崇芳："进一步规范和完善我国财政转移支付制度的分析"，《理论导刊》2005 年第 3 期。

务的水平不同。为了实现均等化的公共服务，财政能力差的地区理应获得中央政府更多的补助。③解决地方政府公共服务的外溢问题。地方政府提供公共服务的费用来自辖区居民缴纳的税收，但受益者可能大大超过本辖区的范围。如果按照受益原则，由受益者给予补偿，则又存在利益外溢计量上的困难，很难在有关地方政府之间进行对应补偿。因此，必须由中央政府按规范、统一的标准，通过转移配置对利益外溢较为明显的地方政府进行必要的补偿。④协调各级政府的经济和政治目标。中央政府与地方政府的目标有时存在差异，由于主要官员任期以及地方财力的限制，地方政府可能更关注短期经济目标，对于实现长期经济发展目标则有所忽略。从而需要中央政府通过转移配置加以引导，以实现地方经济长期发展目标和国家区域政策目标。这四个功能也是均等化制度发挥作用的空间所在。我们可以用图 9－2 描绘财政资源配置体系的构成，进而考虑均等化制度建设的定位与步骤。

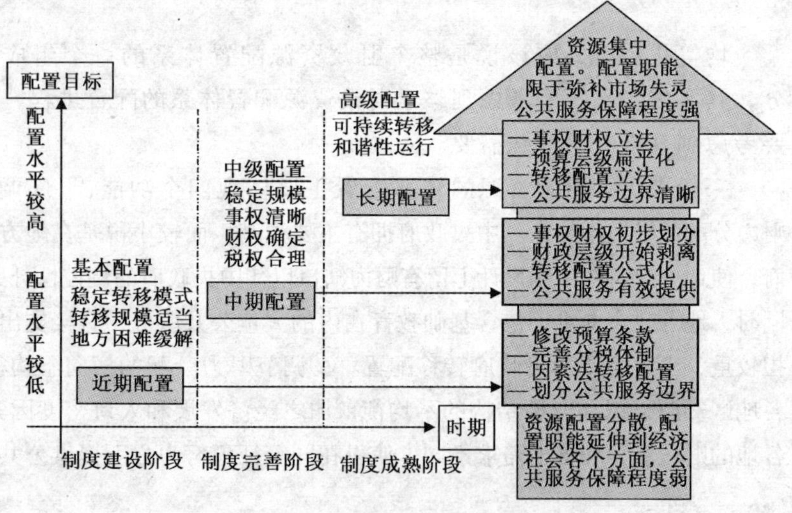

图 9－2　财政资源配置体系的构成

资料来源：［美］戴维·M. 达斯特：《资产配置的艺术》，上海人民出版社 2005 年版，第 17 页。

所以，与整个财政资源配置体系的构成相吻合，与均等化制度的目标相协调，我国均等化制度的推进也应该分为制度建设、制度完善和制度成熟三个实施阶段，每个阶段均等的侧重点不同，均等的措施也各异（见表 9－1）。

表 9－1　　均等化的实施步骤

阶段	侧重点	均等措施
制度建设阶段	区域均等优先，辅之城乡均等	公式型财政能力均等
制度完善阶段	城乡均等优先，辅之省际均等	公式型财政能力和支出需求均等，均等化立法
制度成熟阶段	省际均等优先，辅之个人均等	公式型财政能力和支出需求均等，均等化立法，同时关注个人间的水平公平

9.2　均等化在中国：制度设计要素

均等化制度设计中的两个核心要素——财政能力和支出需求都可以在我国的均等化制度设计中加以考虑。如果制度建设阶段对支出需求的测量有困难，仅设计财政能力要素，那么在制度完善阶段完全可以考虑支出需求要素。

9.2.1　财政能力要素

财政能力有两种测量方法，一种是宏观指标法，采用了 GDP、TTR（应税总资源）、人均收入水平等指标，另一种是在北美国家采用的代表税制法。具体到我国的实践，制度建设初期由于数据的匮乏或能力的缺失，可以考虑采用宏观指标法，而宏观指标中选用应税总资源（TTR）比较合理和恰当，见表 9－2。

如果采取代表税制法，则要考虑构成整个代表税制的税种和税基。借鉴国际经验，现有的主要税种和税收收入应被囊括到代表税制中来，见表 9－3。

表 9-2　　应税总资源的调整步骤示例　　单位：亿元

地方政府总产值（GRP）	1000.00
不属于地方政府自有收入的税收（-）	600.00
中央政府给予地方政府的转移支付（+）	100.00
初步调整额	500.00
其他调整，如：	
注册在其他地区的企业，其来自本地区的利润（-）	300.00
注册在本地区的企业，来自其他地区的利润（+）	400.00
应税总资源（TTR）	500.00

表 9-3　　我国代表税制（RTS）的税种构成和税基

税　　种	标准税基
增值税	商品和服务的增值额
消费税	销售价格或应税消费品数量
营业税	各服务业的营业额
资源税	应税资源的课税数量
城市维护建设税	纳税人实际缴纳的增值税、消费税和营业税
出口退税	应退增值税额和应退消费税额
个人所得税	个人应税所得
公司所得税	公司应税所得
房产税	房产价值或房产租金收入
城市房地产税	房产价值或房产租金收入
耕地占用税	耕地面积
车船使用税	车船登记数量
车辆购置税	车辆计税价格
土地增值税	土地增值额
契税	不动产价格
印花税	应税凭证记载的金额或数量
证券交易税	证券交易额
遗产税和赠与税［1］	遗产税和赠与税的税收收入
燃油税［2］	燃料消费（按公升计算）
物业税［3］	物业的市场价值

注：［1］［2］［3］为将来税制改革可能开征的税种。

如此，单纯以财政能力构建的一般均等化公式可表述为：

$E^i = t^*[(B/P)^* - (B/P)^i]P^i$

其中，E^i——转移给地区 i 的均等化补助；

t^*——全国标准税率；

$(B/P)^*$——全国人均标准税基；

$(B/P)^i$——地区 i 的人均标准税基；

P^i——地区 i 的人口。

9.2.2　支出需求要素

均等化制度的设计如果能同时涉及财政能力和支出需求，那么一国的均等化将更有保障，而且更为公平，因为后者考虑了以支出来衡量的服务成本。支出需求最为困难的是对需求的测量，我们可以考虑如下三种模式：

其一，按照所有服务的平均人均支出来测量标准人均支出，从而保证每个地方政府不论税基如何，都有能力按照全国平均税率达到全国平均人均支出水平。该模式符合公平和效率的双重标准，但问题在于，地方政府的额外支出必须自己解决。同时，如果地方政府现有的支出水平低于全国平均水平，意味着它所收到的均等化补助超过其支出需求，从而产生资金的浪费。该模式的公式可表述为：

$E^i = [(E/P)^* - t^*(B/P)^i]P^i$

其中，$(E/P)^*$——全国平均人均支出。

如果地方政府的实际支出低于全国平均支出，可以将公式中的 $(E/P)^*$ 换成 $(E/P)^i$，也就是地区 i 的实际人均支出水平。

其二，根据各地区的现实（如人口密度等）对标准人均支出加以相对系数的调整，这样更符合每个地区的实际状况，也更能体现每个地区的特征。其公式可表述为：

$E^i = [(E/P)^* w^i - t^*(B/P)^i]P^i$

其中，w^i——地区 i 的相对系数。

相对系数的计算并不简单，基本步骤如下：

- 确定每项服务的调整指数构成和每个指数的相对系数；
- 加总每个调整指数与其相对系数乘积，得到每类支出（或服务）的相对系数；
- 加总每类支出（或服务）的相对系数，得到地区 i 的支出需求相对系数。

相对系数的测算需要大量的地方政府数据统计和分析，这是一个相当繁杂和艰巨的工作。至于调整指数，我们在此参照欧洲和其他一些国家的做法，仅做了一些示例（见表 9－4），还值得深入的探讨。

表 9－4　　基本公共服务调整指数的构成示例

服务类别	测量单位	每单位成本	调整指数的构成
基础教育	学生数量	基础教育①（小学和初中）的人均公共支出	工资指数＝某地区教师工资水平：全国平均水平 学生入学指数＝某地区适龄儿童的入学比例：全国适龄儿童的入学平均比例 学生退学指数＝某地区适龄儿童的退学比例：全国适龄儿童的退学平均比例 学生残疾指数＝某地区残疾学生比例：全国残疾学生的平均比例 贫困家庭指数＝某地区低收入家庭学生比例：全国低收入家庭学生的平均比例
基本医疗	全国总人口	基本医疗的人均公共支出	医疗价格指数＝某地区医疗成本：全国医疗平均成本 最低工资指数＝某地区的最低工资水平：全国平均工资水平 婴儿死亡率指数＝某地区婴儿死亡率：全国婴儿平均死亡率 逆预期寿命指数＝全国平均寿命：某地区的平均寿命 逆人口密度指数＝全国平均人口密度：某地区的人口密度

① 当前的基础教育主要指小学和初中教育，其实还可拓展到幼儿园教育和高中教育等。所以相对系数测定前先需要明确各种服务的涵盖范围，基本医疗和社会保障也不例外。

续表

服务类别	测量单位	每单位成本	调整指数的构成
社会保障	地区总人口	社会保障的人均公共支出	最低工资指数＝某地区的最低工资水平：全国平均工资水平 贫困指数＝某地区的低收入人口比例：全国平均低收入人口比例 老龄化指数＝某地区的老龄人口比例（比如60岁以上）：全国平均老龄人口比例 失业指数＝某地区的失业率：全国平均失业率 残疾指数＝某辖区残疾人口比例：全国平均残疾人口比例

其三，根据反映地区相似性的特征来将地区分组，比如大城市或中心城市的支出需求和成本必然不同于小城市或者农村地区；大城市或中心城市城郊的支出需求和成本也必然不同于远离大城市或中心城市的区域；人口密集城市的支出需求同样也有别于人口稀少的城市需求。如此，就可以根据地区规模、位置、支出责任、支出需求和税基等因素来将各地区分组归类，如大城市、中等城市、小城市、大城市城郊、中等城市城郊、小城市城郊、农村地区等。归于同一类别的地区被假定为具有同一或类似的需求和成本，如果某一地区的支出超过了所属类别的平均支出水平，那么它就不能接受均等化补助，反之亦然。该模式的优势在于可以真实地反映地区的特殊需求和成本，缺点在于如果采用实际支出计算，可能会打击地方政府筹集收入的努力，还会带来支出的扩张，因为补助给予了那些有最高支出和最低税收的地区。公式可表述为：

$$E^i = [(E/P)^i - t^*(B/P)^i]\ P^i$$

其中，$(E/P)^i$——地区 i 的实际人均支出。

三种模式各有优劣，我们可以根据实际需要和均等化推进步骤来综合考虑并选择。

9.3 均等化在中国：制度考评标准

均等化制度的考量标准，一般有两种选择：一种是以财政投入为准绳，衡量某个地区某项服务是否达到了制度规定的标准水平，该标准可以是全国所有省（州）的财政投入的平均，也可以是在全国遴选出某几个省（州）财政投入进行平均。该标准主要考量用于提供某项服务的财政资源，如生均小学教育事业经费、人均基本医疗支出等。另一种是以绩效为准绳，衡量某个地区某项服务是否达到了制度规定的业绩或绩效，其又可包括三个方面：①产出评价，指评价各项公共服务本身，如基础教育会关注于学生入学人数、退学人数和毕业人数等。对应于产出的绩效标准是效率，即以最低的投入带来产出的最大化。②结果评价，指评价通过提供公共服务所达到的目的，如改善基础教育对地方政府的贡献。结果的社会价值判断往往具有主观性和强制性。与其对应的绩效标准是效果，即使投入与产出相关的结果最大化。③过程评价，指评价获得投入品、提供产出或实现结果的方式，如基础教育服务是否鼓励了教师进修和学生创新等。与过程对应的绩效标准是质量，如学生对教师的满意程度。图 9－3 显示了绩效标准和各类绩效考评之间的层级结构。

以不同标准构建的均等化指标体系差异巨大。以财政投入为标准,所采用的指标只能是各类财政性经费指标，见表 9－5。经费指标固然可以反映某个地方政府对于基本公共服务均等化的重视和努力程度，但并不代表获得了均等化的良好效果。而以绩效为标准的指标可以从产出、结果、过程等多个维度体现均等化的业绩，更适合作为考量地方政府均等化实施的成效，见表 9－6。

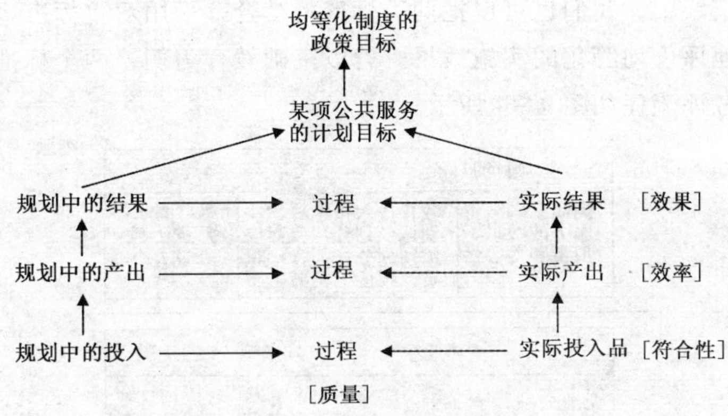

图 9－3　均等化的考量标准

资料来源：S. S. 坎波：《公共支出管理》，中国财政经济出版社 2001 年版，第 306 页。

表 9－5　均等化的评估指标体系示例——以财政投入为标准

基本公共服务类别	财政投入指标类型
基础教育	生均教育经费、生均预算内教育经费
基本医疗	人均卫生费用、人均卫生事业费、人均基本医疗保险基金补助经费
社会保障	人均离、退休费用、人均退职生活费、最低生活保障

表 9－6　均等化的评估指标体系示例——以绩效为标准

基本公共服务类别	绩效指标类型		
	产出指标	结果指标	过程指标
基础教育	学生在校比例	教学能力和质量提高	改进教学方法
	毕业生人数	学生实践技能增强	实行教学改革
	退学人数	实验室/实训基地的环境状况得以改善	鼓励学生创新
	少数民族学生比例		提高学校管理和服务水平
基本医疗	门诊人数	医疗质量提高	改进医疗方法
	住院人数和出院人数	婴儿死亡率下降	培训卫生人员
	婴儿死亡率	预期寿命延长	加强卫生宣传与监督
	基本医疗保险参保人数	病床使用率提高	提高医院管理和服务水平
社会保障	失业人数（失业率）	失业率降低	增加就业培训
	失业保险参保人数	养老保险覆盖范围扩大	加强社会保障立法
	基本养老保险参保人数	社会保险基金增加	加快社会保障信息化建设
	农村社会养老保险参保人数		

实践中，我们也可以把两类标准相结合，采用双重标准，从而更好地评价均等化的实施效果。若以基础教育为例，两个标准结合后的考评流程如图 9－4 所示。

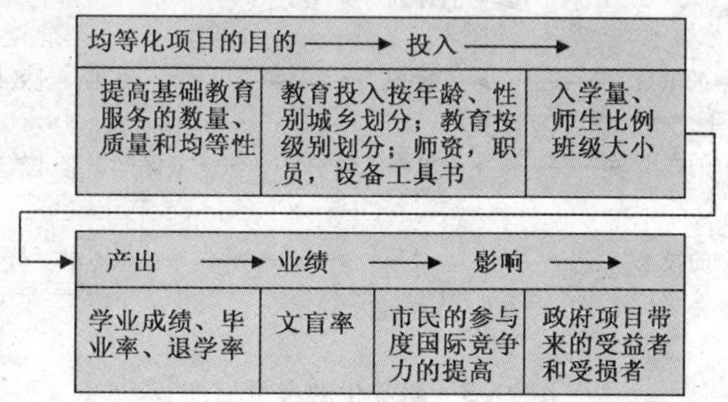

图 9－4　基础教育的综合考评标准

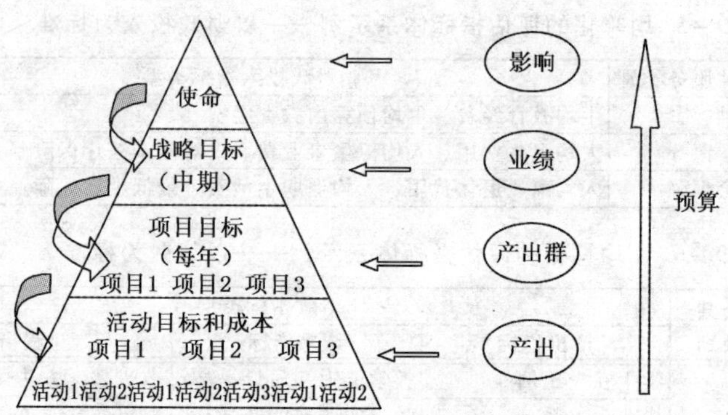

图 9－5　绩效预算的基本框架

资料来源：沙安文、乔宝云：《政府间财政关系——国际经验述评》，人民出版社 2006 年版，第 212 页。

若以绩效为标准，还有必要在均等化制度中引入绩效预算，因其更强调业绩或者结果导向和支出责任，其核心做法是根据活动结果和业绩来进行资源的配置。在我国，对该概念的理解是："绩效预算是要阐述和明确请求拨款所要达到的目标，为实现这些目标而设定的计划需要花费多少钱，以及用哪些量化指标来衡量其在实施每项计划的过

程中取得的成绩和完成工作情况。”（财政部办公厅，2001）

图 9－5 描绘了绩效预算的基本框架。

9.4　小　　结

本章试图从三个角度：均等化制度的目标和实施步骤、制度设计要素和制度考评标准及指标来探讨我国均等化制度的建设。同任何制度建设一样，均等化也是一个长期建设的过程，所以其目标的设定也必须分阶段分轻重缓急来设立。具体到实施步骤，首先要明确的是每个阶段的实施重点，特别对于我国这样一个存在多方位不均等的国家，区域、省际和城乡的均等化不可能同时实现，只有在主要致力于某种均等的前提下再兼考虑其他方面的均等。对于均等化制度的具体设计，国内已有很多的研究，但本章试图从更微观化的角度细化到具体的财政能力指标、公式设计和指数构成等。为了让均等化更有实效，还有必要对其实施效果进行考评，考评可以从投入和绩效两个维度进行。但综观国际趋势，投入类标准渐渐淡出均等化的视野，而绩效越来越被重视，所以本章从产出、过程和结果三方面来列举了一些公共服务考评的绩效指标，同时还指出将投入类指标与绩效类指标相结合也是很好的选择。

虽然本书极力从多维的视角来考察均等化议题，但是还有诸多的问题没有涉及或者还需要更深入的探究，比如均等化的机构设置，在中国是否需要设立一个独立的代理机构（如拨款委员会）来负责均等化；是否需要设置专门的均等化资金；均等化的立法高度；适合我国的均等化公式选择；各地区财政能力和支出需求的测算方法等等，所有这些问题还有待于后续的研究。

主要参考文献

中文版

1. 安体富、任强："中国公共服务均等化水平指标体系的构建——基于地区差别视角的量化分析"，《财贸经济》2008 年第 6 期。

2. 财政部教科文司：《中国农村义务教育转移支付制度研究》，上海财经大学出版社 2005 年版。

3. 陈昌盛、蔡跃州：《中国政府公共服务：体制变迁与地区综合评估》，中国社会科学出版社 2007 年版。

4. 陈孟熙：《经济学说史教程》，中国人民大学出版社 2000 年版。

5. 陈锡文主编：《中国农村公共财政制度》，中国发展出版社 2005 年版。

6. 丁元竹："基本公共服务如何均等化"，《瞭望》2007 年第 5 期。

7. 高培勇主编：《财政与民生》，中国财政经济出版社 2008 年版。

8. 高培勇：《公共经济学》，中国人民大学出版社 2003 年版。

9. 郭文杰：《财政教育投入及其管理研究》，中国财政经济出版社2002年版。

10. 河北大学预算管理研究所：《中国政府间财政关系研究》，经济管理出版社2007年版。

11. 贾康、郭文杰：《财政教育投入及其管理研究》，中国财政经济出版社2002年版。

12. 刘祖云：《当代中国公共行政的伦理审视》，人民出版社2006年版。

13. 卢中原：《改革时代的经济学思考》，人民出版社2006年版。

14. 吕炜、王伟同："我国基本公共服务提供均等化问题研究——基于公共需求与政府能力视角的分析"，《财政研究》2008年第5期。

15. 闵维方、杨周复、李文利：《为教育提供充足的资源》，人民教育出版社2003年版。

16. 沙安文、乔宝云：《政府间财政关系：国际经验述评》，人民出版社2006年版。

17. 沙安文、沈春丽：《地方政府与地方财政建设》，中信出版社2005年版。

18. 宋健敏、邬媛媛："转移支付制度与我国地区经济差距的相关分析"，载《中国政府间财政关系研究》，经济管理出版社2007年版。

19. 孙英、吴然：《经济伦理学》，首都经济贸易大学出版社2005年版。

20. 唐凯麟：《西方伦理学名著提要》，江西人民出版社2003年版。

21. 万广华：《经济发展与收入不均等：方法和证据》，三联书店和上海人民出版社2006年版。

22. 王道俊、王汉澜：《教育学》，人民教育出版社 1999 年版。

23. 王东京等：《与官员谈西方经济学》，广西人民出版社 1998 年版。

24. 王敏："中国财政教育支出绩效评价探析"，《财政研究》2005 年第 6 期。

25. 王雍君："中国的财政均等化与转移支付体制改革"，《中央财经大学学报》2006 第 9 期。

26. 汪有荣：《当代中国经济伦理论》，人民出版社 2004 年版。

27. 吴俊培：《财政学》，中国财政经济出版社 2003 年版。

28. 吴俊培、许建国、杨灿明：《财政学》，中国财政经济出版社 2001 年版。

29. 杨斌：《税收学》，科学出版社 2004 年版。

30. 张志伟、欧阳谦：《写给大众的西方哲学》，中国人民大学出版社 2004 年版。

31. 郑涌、赵云飞、韩文："聚焦德国政府间财政关系：靠什么实现均等化"，《中国财经报》2007 年 3 月 15 日。

32. 中国教育部财务司等：《中国教育经费统计年鉴 2006》，中国统计出版社 2007 年版。

33. 中国劳动和社会保障部：《中国劳动和社会保障年鉴 2006》，中国劳动社会保障出版社 2007 年版。

34. 中国卫生部：《中国卫生统计年鉴 2007》，中国协和医科大学出版社 2008 年版。

35. 中国社会科学院财贸研究所：《科学发展观：引领中国财政政策新思路》，中国财政经济出版社 2004 年版。

36. 中国社会科学院财贸研究所：《走向"共赢"的中国多级财政》，中国财政经济出版社 2005 年版。

37. 朱钢、贾康：《中国农村财政理论与实践》，山西经济出版社 2006 年版。

中译版

38. [英] A. C. 庇古:《福利经济学》,商务印书馆 2006 年版。

39. [美] 阿瑟·奥肯:《平等与效率:重大的抉择》,华夏出版社 1999 年版。

40. [美] 保罗·A. 萨缪尔森:《经济学》(第 12 版),中国发展出版社 1992 年版。

41. [美] 鲍德威、威迪逊:《公共部门经济学》,中国人民大学出版社 2000 年版。

42. [古希腊] 柏拉图:《理想国》,九州出版社 2007 年版。

43. [英] C. V. 布朗和 P. M. 杰克逊:《公共部门经济学》,中国人民大学出版社 2000 年版。

44. [美] E. K. 亨特:《经济思想史——一种批判性的视角》,上海财经大学出版社 2007 年版。

45. [美] 迪恩·R. 斯彼德:《绩效考评革命》,东方出版社 2007 年版。

46. [美] 古扎拉蒂:《计量经济学》,中国人民大学出版社 2000 年版。

47. [美] 哈维·S. 罗森:《财政学》,中国人民大学出版社 2000 年版。

48. [法] 卢梭:《社会契约论》,商务印书馆 1982 年版。

49. [美] 罗尔斯:《正义论》,中国社会科学出版社 1988 年版。

50. [德] 马丁·摩根史特恩、罗伯特·齐默尔:《哲学史思路——穿越两千年的欧洲思想史》,中国人民大学出版社 2006 年版。

51. [美] 米尔顿·弗里德曼:《资本主义与自由》,商务印书馆 2006 年版。

52. ［美］桑贾伊·普拉丹著，蒋洪等译：《公共支出分析的基本方法》，中国财政经济出版社 2000 年版。

53. ［美］斯蒂格利茨：《政府为什么干预经济》，中国物资出版社 1998 年版。

54. ［英］托马斯·霍布斯：《利维坦》，九州出版社 2007 年版。

55. ［美］小弗恩·布里莱姆：《教育财政学——因应变革时代》，中国人民大学出版社 2007 年版。

56. ［古希腊］亚里士多德：《尼各马克论理学》，九州出版社 2007 年版。

57. ［英］约翰·斯图亚特·穆勒：《功利主义》，九州出版社 2007 年版。

58. ［美］珍妮特·M. 凯特等：《地方政府绩效预算》，上海财经大学出版社 2007 年版。

英文版

59. ACIR. 1981. Advisory Commission on Intergovernmental Relations. *Studies in Comparative Federalism*, including Canada M – 127, July 1981; West Germany M – 128, July 1981; Australia M – 129, August 1981, Washington, D. C. .

60. ACIR. 1987. *Advisory Commission on Intergovernmental Relations*, *Measuring State Fiscal Capacity*. M – 15, Washington, D. C. , December 1987.

61. Anthony D. Scott. 1950. *A Note on Grants in Feceral Countries.* Economica. Vol. 17, pp. 416 – 422.

62. Anwar Shah, 2007, *Fiscal Need Equalization*: *Is it worth doing*? Lessons from International Practices. Working paper draft, World Bank.

63. Anwar Shah. 1983, *Municipal Fiscal Needs and Provincial –*

Municipal Unconditional Transfers in Canada. Expenditure Needs and Fiscal Equalization Grant Series Working Paper No. 2, Ministry of Finance, Government of Canada, Ottawa.

64. Anwar Shah. 1996. *A Fiscal Need Approach to Equalization*. Canadian Public Policy 22 (2): 99 – 115.

65. Aschauer David. A, 1989. *Is Public Expenditure Productive*? . Journal of Monetary Economics, 23.

66. Aubut, Julie, and Francois Vaillancourt. 2001. *Using GDP in Equalization Calculations: Are there Meaningful Measurement Issues*? Working Paper, Institute of Intergovernmental Relations, Queen's University, Kingston, ON, Canada.

67. Bahl, Roy and Linn, Johannes. 1992. *Urban Public Finance in Developing Countries*, Washington, D. C. : The World Bank.

68. Bird, R. M. , Ebel, D. R. , and Wallich, Ch. , cds, 1995 *Decentralization of the Socialist State: Intergovernmental Finance in Transition Economies*. Washington D. C. : The World Bank.

69. Bird, Richard, and Francois Vaillancourt. 2004. *Expenditure – based Equalization Transfers*. International Studies Program, Working Paper No. 04 – 10, Georgia State University.

70. Boadway, Robin. 2002a. *Revisiting Equalization Again: Representative Tax System vs. Macro Approaches*. Working Paper. Institute of Intergovernmental Relations, Queen's University, Kingston, ON, Canada.

71. Boadway, Robin and Anwar Shah. 2007. *Intergovernmental Fiscal Transfers: Principles and Practices*. Washington, D. C: World Bank.

72. Boadway, Robin, and Flatters, Frank R. 1982. *Equalization in a Federal State : An Economic Analysis*. Economic Council of Cana-

da, Ottawa.

73. Boadway, Robin. 1986. *Federal – Provincial Transfers in Canada in Fiscal Federalism.* M. Krasnick (ed.) Vol. 65 Royal Commission on the Economic Union and Development Prospects for Canada. Toronto: University of Toronto Press.

74. Boadway, Robin. 1992. *The Constitutional Division of Powers: An Economic Perspective.* Ottawa: Economic Council of Canada.

75. Bratislava. 2005. *Fiscal Decentralization in Transition Economies: Case Studies from Balkans and Caucasus*, United Nations Development Programme.

76. Charles M. Tiebout. 1961. *An Economic Theory of Fisca Decentralization.* Public Finance: Needs, Sources and Utilization. New York, NBER, pp70 – 86.

77. Cindy Brown, Elena Rocha. 2005. *The Case for National Standards, Accountability and Fiscal Equity*, USA: Center for America Progres.

78. David Heal. 1983. *Public Expenditure – Its Defence and Reform.* Martin Roberttson, Oxford.

79. Economic Council of Canada. 1982. *Financing Confederation: Today and Tomorrow* [R]. Ottawa. Economic Council of Canada, pp. 1 – 32.

80. Era Dabla – Norris and Paul Wade. 2002. *The Challenge of Fiscal Decentralization in Transition Countries*, IMF Working Paper, WP/02/103.

81. Graham John F. 1963. *Fiscal Adjustments and Economic Development: A Case Study of Nova Scotia.* Toronto, University of Toronto Press.

82. Graham John F. 1964. *Intergovernmental Fiscal Relationships:*

Fiscal Adjustment in a Federal Country. Canadian Tax Foundation Canadian Tax Papers No. 40, Toronto .

83. Harry Kitchen. 2005. *Expenditure Needs Measures in Provincial/Territorial Unconditional Grants to Local Governments in Canada*. Prepared for The Expert Panel on Equalization and TFF, Trent University.

84. Ildar Zoulkarnay. 2003. *Fiscal Equalization Policy in the Russian Federation*, Dilemmas and Compromises: Fiscal Equalization in Transition Countries.

85. James M. Buchanan. 1950. *Federalism and Fiscal Equity*. American Economic Review. 40, (4), pp. 583 – 99.

86. James M. Buchanan and Richard E. Wagner. 1970. *An Efficiency Basis for Federal Fiscal Equalization*. Virginia Polytechnic Institute and Tulane University.

87. Jorge Martinez – Vazquez, L. F. Jameson Boex. 1997. *Fiscal Capacity: An Overview of Concepts and Measurement Issues and Their Applicability in the Russian Federation*, International Studies Program, Working Paper No. 97 – 3. Georgia State University.

88. Laurent Guihéry. 1999. *An Economic Assessment of German Fiscal Equalization Schemes since* 1970: *With Prospects for a Unified Germany*? Université Lumière Lyon 2 – France.

89. Ladd, Helen F. and John Yinger. 1994. *The Case for Equalizing Aid*. National Tax Journal. Vol. 47, No. 1, pp. 211 – 224.

90. Leland B. Yeager. 1958. *Immigration Trade and Factor Price Equalization*. Current Economic Comment. Vol 20, pp3 – 8.

91. Musgrave, Richard A. 1959. *The Theory of Public Finance*. New York McGraw – Hill.

92. Musgrave, Richard A. 1961. *Approaches to a Fiscal Theory of*

Political Federalism in National Bureau of Economic Research Public Finance: Needs, Sources and Utilization. Princeton, NJ: Princeton University Press.

93. Nicholas Capaldi. 2005. *The Meaning of Equality*. Hoover Press: Machan. DP5 HPEQUA0100.

94. OECD. 2001a. *Fiscal Design Across Levels of Governments, Country Report: Czech Republic* (Paris).

——, 2001b, *Fiscal Design Across Levels of Governments, Country Report: Estonia* (Paris).

——, 2001c, *Fiscal Design Across Levels of Governments, Country Report: Hungary* (Paris).

——, 2001d, *Fiscal Design Across Levels of Governments, Country Report: Latvia* (Paris).

——, 2001e, *Fiscal Design Across Levels of Governments, Country Report: Lithuania* (Paris).

——, 2001f, *Fiscal Design Across Levels of Governments, Country Report: Poland* (Paris).

95. Paul A. Samulelson. 1954. *The Pure Theory of Public Expenditure.* Review of Economics and Statistics. Vol 36, pp. 379 – 379.

96. Peter Mieszkowski & Richard A. Musgrave. 1999. *Federalism, Grants and Fiscal Equalization.* National Tax Journal. 1999 (6). pp. 12 – 26.

97. Richard A. Musgrave. 1965. *Approaches to a Fiscal Theory of Political Federalism.* ibid, pp. 97 – 122.

98. Robin Boadway. 2004. *The Theory and Practice of Equalization.* CESifo Economics Studies, Vol. 50. pp. 211 – 254.

99. Robin Boadway. 1982. *The Constitutional Division of Powers: An Economic Perspective* [R]. Ottawa Economic Council of Canada,

pp. 1 –25.

100. Robin Boadway. 2004. *How well is the Equalization System reducing Fiscal Disparities*? [J] Queen's University, Kingston, Ontario, pp. 1 – 12.

101. Sam Bucovetsky and Michael Smart. 2002. *The Efficiency Consequences of Local Revenue Equalization: Tax Competition and Tax Distortion.* York University and University of Toronto.

102. Scott, Anthony D. 1964. *The Economic Goals of Federal Finance.* Public Finance. 19: 241 –288.

103. Sergii Slukhai. 2003. *Shaping Fiscal Equalization Techniques in Transitional Countries*, Kyiv National Shevchenko University, Ukraine.

104. Sergii Slukhai. 2003. *Fiscal Equalization in Transition Countries: Searching for the Right Policy*, Kyiv National Shevchenko University, Ukraine.

105. Sergii Slukhai, 2003. *Dilemmas and Compromises: Fiscal Equalization in Transition Countries*, LGI Fellowship Series. Hungary: Local Government and Public Services Initiative.

106. Sorin Ionită. 2003. *Halfway There: Assessing Intergovernmental Fiscal Equalization in Romania*, Dilemmas and Compromises: Fiscal Equalization in Transition Countries.

107. Statistics Canada. 1992. *Income—Distribution by Size in Canada.* Annual, pp. 13 –207.

108. Stiglitz, Joseph. 2001. *Economics of the Public Sector*, 3rd Edition [M]. New York: W. W. Norton & Company.

109. Wallace E. Oates. 2006. *On the Theory and Practice of Fiscal Decentralization.* IFIR Working Paper No. 2006 – 05. International for Federalism & Intergovermental Relations .

110. Wetzel, Deborah L. 2001. *Decentralization in the Transition Economies: Challenges and the Road Ahead*, Washington D. C.: The World Bank.

网站资源：

111. 艾伦·莫里斯："澳大利亚的财政均衡化体制". info. worldbank. org。

112. 巴珍·格鲁沃："区域间财政能力均等化：澳大利亚经验"，中国改革论坛 . www. chinareform. org. cn。

113. 毛蕾、王海萍："德国的横向财政转移支付及对我国的启示"，www. crifs. org. cn。

114. *Australia's Equalization System*. www. parl. gc. ca.

115. Commonwealth Grants Commission: *Information Paper CGC 2002/1*, *Guidelines for implementing Horizontal Fiscal Equalization*, www. cgc. gov. cn.

116. Department of Justice, Canada. *Constitution Acts* 1867 *to* 1982. www. laws. justice. gc. ca.

117. Department of Finance, Canada. Equalization Program. www. fin. gc. ca.

118. *The Fiscal Equalization and Public Service System in Germany*. www. kas. de/wf/.

119. www. imf. org.

120. www. oecd. org 和 www. oecdchina. org.

121. www. springer. com/economics/.

后　记

博士后入站之后，导师高培勇教授就将我的研究方向定位在了基本公共服务均等化之上。两年期间，导师无私地贡献着他的思想脉络和研究心得，本书正是得益于他的启迪与指导。导师严谨的治学态度、执著的探究精神和永远的工作热忱深深感染并影响着我，让我始终不敢懈怠，唯恐有负师恩。同时不断告诫自己要将受自导师的学识和精神传承给学生，以此感激。

博士导师吴俊培教授对我的发展一直给予关心和帮助。近两年的几次长谈，他对财政学的新认知，对哲学的深度思考，对自然科学领域的涉足让我有了更多的受益。

储敏伟教授、许建国教授、杨灿明教授和陈志勇教授一如既往地鼓励和支持着我，增添了我前行的动力。

好友胡秋红副教授、李艳副教授和张青副教授在我有压力、有困惑的时候或倾听、或安慰、或建议，让我倍感温暖。

父母舍弃了他们闲适的退休生活与我相伴，照顾孩子并料理家事，免除我的后顾之忧；先生梅键在繁忙的工作之余尽可能地为我分担；一一和天天则会习惯性地说："妈妈，我们自己玩，你去写

Paper 吧。”面对家人，无尽感激的同时也有着载不动的愧疚。

中国财政经济出版社的赵力主任、吕小军编辑从本书的框架到编排都倾注了不少的心血，在此一并致谢。

对于均等化，我还只是初入堂奥。阅读资料越多，思考角度越广，越深切地感受到自身研究的粗浅，书中错误缺漏之处难免，恳请读者指正。

王莹

2008 年 7 月于上海